T0161702

L'HISTOIRE NATURELLE
DE LA RELIGION

ET AUTRES ESSAIS

HUME À LA MÊME LIBRAIRIE

Essais et traités sur plusieurs sujets, introduction, traduction et notes par Michel Malherbe :

Tome I :*Essais moraux, politiques et littéraires* (première partie), 1999.

Tome II :*Essais moraux, politiques et littéraires* (deuxième partie), 2009.

Tome III :*Enquête sur l'entendement humain. Dissertation sur les passions*, 2004.

Tome IV :*Enquête sur les principes de la morale. Histoire naturelle de la religion*, 2002.

En poche, introduction, texte anglais, traduction et notes par Michel Malherbe :

– *Dialogues sur la religion naturelle*, 2005.
– *Enquête sur l'entendement humain*, 2008.
– *Essais sur l'art et le goût*, 2010.
– *Dissertation sur les passions*, 2015.
– *L'histoire naturelle de la religion* et autres essais, 2016.

BIBLIOTHÈQUE D'HISTOIRE DE LA PHILOSOPHIE

Fondateur Henri GOUHIER   Directeur Emmanuel CATTIN

DAVID HUME

L'HISTOIRE NATURELLE
DE LA RELIGION

ET AUTRES ESSAIS

Introduction, texte, traduction et notes
par
Michel MALHERBE

PARIS
LIBRAIRIE PHILOSOPHIQUE J. VRIN
6 place de la Sorbonne, V e

2016

© *Librairie Philosophique J. VRIN*, 2016
Imprimé en France
ISSN 0249-7972
ISBN 978-2-7116-2697-7
www.vrin.fr

INTRODUCTION

La religion est un objet rendu d'une grande complexité. Par la diversité de ses phénomènes, le champ en est immense. Mais Hume ne se propose pas de faire une histoire des religions. Par les questions, les raisons, les débats, qu'elle ne laisse pas de susciter; mais Hume (qui disait que l'athéisme est encore un système de religion) ne se veut pas théologien. La religion est à la fois dogme et culte, une dualité qui est constitutive de la croyance religieuse elle-même, puisque croire, c'est à la fois professer et plier le genou : il faut pouvoir l'aborder sous ces deux aspects. Le dogme est constitué d'un certains nombre d'énoncés qui se veulent bien fondés, et qui prennent place dans la république des idées; le culte est une pratique humaine comme il y a une pratique par les hommes de la société ou du mérite personnel. Le premier a charge de légitimer le second quoiqu'on puisse dire aussi bien qu'il en soit l'expression. Le second est le motif du premier quoique celui-ci prétende renfermer assez de raison pour se faire valoir comme un principe. Le tout porte un nom : la croyance ou la foi religieuse.

À la différence de certains qui n'ont retenu que le dogme ou d'autres qui n'ont retenu que le culte, ramenant l'un des deux termes à l'autre, Hume a le mérite de tenir les deux ensemble. Ce qui n'est pas sans créer une inévitable dispersion d'approche ou de méthode. On ne peut pas lire l'*Histoire naturelle de la religion* (1757) comme on lit les *Dialogues sur la religion naturelle* (1779), l'adjectif *naturel* se retrouvât-il dans les deux titres. Les deux essais posthumes *Sur le suicide et Sur l'immortalité de l'âme* (1777) sont l'un et l'autre un catalogue d'arguments, d'une sécheresse toute philosophique. Le premier concerne la vie avant la mort, car le suicide est la décision d'un vivant ; le second concerne la vie après la mort, une vie dont nous ne saurions avoir d'expérience. Le second est donc plus spéculatif que pratique et le premier est pratique avant d'être spéculatif. Mais la question de l'immortalité de l'âme ne laisse pas d'être en religion une question de vie ; et la question du suicide ne manque pas d'interroger métaphysiquement la place de l'homme à l'intérieur de l'économie du monde.

La section X de *l'Enquête sur l'entendement humain* (1748) consacrée aux miracles et la section XI qui la suit, consacrée à l'idée d'une providence particulière et d'un état futur, ne sont pas sans annoncer ou déjà croiser plusieurs des contenus des textes mentionnés ci-dessus, qui leur sont postérieurs. Mais l'angle est différent. Ces deux sections sont, sur le plan méthodologique, deux applications strictes du traitement sceptique des raisonnements de causalité qui a été proposé dans les sections précédentes de l'ouvrage. Ce sont, en quelque sorte, deux leçons exemplaires de la théorie de la causalité, deux illustrations qui mettent en œuvre la règle de proportion que la raison, dans son exercice correcteur, peut et doit imposer à toute croyance, alors même qu'il a été prouvé qu'il n'est pas de croyance qui n'excède toute entreprise de validation rationnelle. Illustrations remarquables, dis-je, que cette appréciation critique de tout témoignage humain rapportant un fait miraculeux, ou que cette évaluation logique de tout raisonnement prétendant conclure des attributs naturels de la Divinité, tirés de l'expérience que les hommes ont de l'ordre du monde naturel, à ses attributs moraux qu'ils ne sauraient inférer du désordre patent du monde moral. Car, ici, l'on se tient aux limites de l'expérience humaine ; car, ici, la raison peut décider positivement de la croyance, sa décision relevant de la philosophie et non des affaires ordinaires de la vie où la décision est *in fine* de nature pratique.

I. SUPERSITION ET ENTHOUSIASME

De cette inévitable complexité d'approche et de traitement de la religion, nous trouvons un exemple particulièrement éclairant dans ces deux formes de pratique religieuse que sont la superstition et l'enthousiasme (le fanatisme). En consacrant un de *ses Essais moraux et politiques* (1741) à la superstition et à l'enthousiasme, Hume ne fait pas preuve d'originalité : la multiplication des mouvements religieux à cette époque fort religieuse que fut le XVIIIᵉ siècle britannique n'était pas sans susciter des bouleversements personnels et sans causer des perturbations sociales, sinon des débordements, à un moment où, par ailleurs, tant les théologiens se réclamant d'une orthodoxie modérée que les nombreux philosophes qui restaient respectueux de la Révélation chrétienne s'efforçaient de promouvoir une christianisme raisonnable.

On ne manquera certes pas de mettre au crédit de Hume la distinction et l'opposition de ces deux phénomènes religieux qui n'étaient pas, le plus souvent, définis avec autant de lucidité. Mais plus importante est l'originalité de l'angle d'approche. Sans doute, la forme littéraire de l'essai, propre à susciter l'intérêt du public sur un sujet d'actualité et à solliciter son intelligence et son bon goût en même temps que sa curiosité, fait que cet essai, comme les autres, peut être lu de manière indépendante. Mais quand on le replace dans l'ordre final des *Essais* (après l'élimination en 1760 de trois essais jugés trop futiles) on voit clairement que son objet est la division, parfois violente, entre les diverses sectes religieuses, et que cette division vient immédiatement après la division de la classe politique en partis – cette analyse des divisions de la société étant à son tour précédée de l'examen de la constitution du gouvernement britannique et de l'établissement de plusieurs principe généraux de la science politique. L'intention de l'essai est donc d'abord de nature politique : la division en partis et en sectes de la société britannique est, en même temps qu'une réalité, une composante majeure du gouvernement britannique, au même titre que la liberté de la presse ou la constitution mixte.

Tous les essais écrits par Hume répondent à une intention positive : un objet d'étude est proposé, une question est posée, éventuellement introduite sous le couvert d'une proposition générale, et une réponse est toujours apportée. Ainsi, du présent essai. Un principe introductif très général : la corruption des meilleures choses engendre les pires. Puis la définition générative de la superstition et de l'enthousiasme. Puis, trois thèses qui sont énoncées touchant les effets de ces formes de religion, relativement au pouvoir du clergé, aux désordres qu'elles peuvent causer dans la société, et à la liberté civile. La méthode est comparative, comme il en ira dans *l'Histoire naturelle de la religion*. Vient enfin la réponse, chaque fois donnée au terme d'une argumentation qui mêle l'explication causale à des éléments de nature descriptive. Le bénéfice attendu est celui d'une appréciation, ici de nature sociale et politique, des effets utiles ou nuisibles de la superstition et de l'enthousiasme; sachant que, chez Hume, toute appréciation de nature pratique est une affaire de sens ou de goût, la raison n'étant pas pratique par elle-même.

L'objet de cet essai est donc limité. Toutefois, Hume ne laisse pas de revenir à plusieurs reprises sur la superstition, comme on le voit en lisant le discours introductif de l'essai sur *Le suicide*, qui rappelle les effets particulièrement néfastes de cette forme de croyance qu'est la superstition. L'essai de 1741 avait étudié les effets politiques, le présent essai étudie ceux qui peuvent se faire sentir dans la vie morale de chacun, relativement à la maîtrise que chacun est amené à exercer sur sa propre vie. Rapportée aux passions qui sont à son origine en 1741, ces mêmes passions qui sont, dans *l'Histoire naturelle de la religion*, posées à l'origine du polythéisme et, par voie de conséquence, à l'origine du théisme populaire, la superstition est ici présentée comme un mal que la philosophie peut combattre et surmonter : thèse remarquable quand l'on sait que la raison ne saurait par elle-même détruire à sa racine une passion, mais seulement la modifier, la replacer dans le jeu des autres passions, la modérer, etc. La superstition, dit Hume, est fondée sur une fausse opinion; et réfuter une opinion entre bien dans le pouvoir de la raison. Est-ce à dire qu'il faut étendre cette conclusion à la religion populaire qui n'est pas elle-même un principe primitif de la nature humaine ? Parle-t-on du même objet dans l'essai sur *La superstition et l'enthousiasme* et dans l'essai sur *Le suicide ?* Ou, n'est-ce pas plutôt retrouver cette ambiguïté et cette ambivalence qui sont constitutives de la croyance religieuse, laquelle est à la fois mue par les passions, et cela si fortement qu'elle conduit parfois à des cultes qui vont contre tout sentiment d'humanité, mais en même temps si fortement nourrie de représentations que ces représentations en deviennent la cause seconde sans laquelle les principes primitifs de la nature humaine ne conduiraient jamais à de tels effets. La crainte du lendemain est en tout un chacun, mais le mérite personnel et une société prospère peuvent y répondre par d'autres pensées et d'autres productions que celles qui alimentent la superstition.

II. L'HISTOIRE NATURELLE DE LA RELIGION

L'*Histoire naturelle de la religion* connut dès sa parution un réel succès de scandale, si l'on en juge par les réactions qu'elle suscita. La première copie imprimée des *Quatre Dissertations* qui comportait aussi en 1755 les deux essais sur *l'Immortalité de l'âme* et sur le *Suicide*, était tombée entre les mains de William Warburton, l'un des adversaires les plus acharnés de Hume, qui menaça de poursuites le libraire, Andrew Millar, lequel incita le philosophe à retirer les deux essais et à amender le texte de l'*Histoire*. Mais, dans l'ouvrage tel qu'il parut enfin en 1757, il y avait encore de quoi alimenter la réputation antireligieuse de son auteur. Le même Warburton, sous un couvert prêté par Richard Hurd, fait paraître dès le mois de mai 1757 des *Remarks on Mr. David Hume's Essay on the Natural History of Religion*. D'autres réponses, souvent anonymes, suivirent, des recensions furent faites. Les plus modérées relèvent que l'ouvrage comporte des observations intéressantes touchant la nature humaine, mais que, de manière plus ou moins directe, il contient des conclusions hostiles à la religion chrétienne. L'*Histoire* est traduite en français dès 1759 (la traduction est attribuée à Mérian), dans la collection des *Œuvres philosophiques de Mr. D. Hume*, et ce à l'initiative de Formey, secrétaire de l'Académie de Berlin.

Mais dès 1757, Diderot avait attiré l'attention de de Brosses qui lui soumettait une première ébauche de son ouvrage *Le culte des dieux fétiches*, sur la dissertation de Hume. Le succès de la traduction de 1759 incite de Brosses à incorporer le texte de Hume dans son propre ouvrage. Par suite d'un concours de circonstances, Hume ne sera averti de cet emprunt qu'en 1763 [1].

L'Histoire est d'une lecture facile. Elle est écrite dans un style simple qui aida à son succès. La structure en est claire : après avoir défini l'objet de la recherche en distinguant entre la question du fondement de la religion dans la raison et celle de son origine dans la nature humaine, Hume retrace l'histoire de la religion, du polythéisme qui est sa forme primitive jusqu'au théisme. Il fait ensuite la comparaison entre ces deux espèces de religion, les évaluant sous divers points de vue, et il termine sur une conclusion plutôt énigmatique qui souligne la nécessité de conserver en ces matières un scepticisme prudent.

Dans le détail, Hume use de la même méthode de composition que celle qu'il avait mise à l'épreuve dans ses *Essais* : la thèse de l'antériorité du polythéisme est avancée ; puis la preuve est fournie, qui mélange à un matériau historique, souvent emprunté à l'Antiquité, des arguments plus abstraits ; enfin plusieurs considérations générales sur les effets du poythéisme et du théisme sont avancées, qui sont censées être profitables au public. Mais quand on essaie de comprendre le texte d'une manière plus systématique et de rationaliser sa composition ou son argumentation, on est quelque peu embarrassé de déterminer

---

1. Sur ce sujet, voir M. David, « Le président de Brosses, historien des religions et philosophe », *Charles de Brosses*, Genève, Bibliotheca del Viaggio in Italia, 1981, p. 123-140.

sa signification générale. Quelle est l'incidence exacte de la distinction préliminaire faite entre la question de l'origine et celle du fondement de la religion? Pourquoi Hume associe-t-il à un exposé portant sur un point d'histoire (quelle fut la religion primitive des hommes?) une appréciation comparative du polythéisme et du théisme? Comment comprendre la conclusion dont le ton s'accorde si peu avec le caractère très positif, sinon dogmatique, du développement? Comment comprendre le titre : en quoi est-ce une histoire, en quoi est-elle naturelle[1]? Enfin, peut-on traiter cette histoire naturelle de la religion en une histoire des religions?

III. LES CLÉS D'UNE LECTURE

La question de l'origine de la religion dans la nature humaine est distinguée de celle de son fondement dans la raison, question plus importante, qui « reçoit la plus évidente ou du moins la plus claire des solutions » (p. 61). Et Hume de rappeler, à plusieurs reprises et comme parfaitement justifié, l'argument du dessein qui découvre au philosophe les principes du pur théisme et de la pure religion. Il pourrait donc sembler, en première approche, que cette distinction entre un théisme rationnel et une religion populaire prenant sa source dans les passions, organise l'ensemble du propos. D'autant qu'une telle distinction est, dans les milieux libéraux de l'époque, mise au service d'un Christianisme raisonnable, soucieux de prendre ses distances avec les formes les plus superstitieuses de la religion populaire. Mais il apparaît rapidement que cette division entre la

---

1. Voir sur ce point notre article, « Hume's *Natural history of religion* », *Hume Studies*, XXI, vol. 2, 1995, p. 255-274.

raison et les passions, division qui a sa racine dans la nature humaine, ne coïncide pas avec la distinction entre le théisme et le polythéisme qui a cours dans le texte. Il suffit en effet de s'y rapporter pour voir que le théisme dont il est question, s'il est second par rapport au polythéisme, n'est pas moins le résultat d'une évolution tout aussi naturelle et passionnelle que l'est la source du polythéisme, et que la dynamique des passions s'applique à l'ensemble des formes populaires de la religion. Du polythéisme au théisme, on ne passe pas des passions à la raison.

Pour résoudre cette discordance manifeste, il pourrait être tentant de conclure que la distinction initialement posée entre le fondement de la religion dans la raison et son origine dans la nature humaine n'est qu'une distinction de façade, chargée de masquer l'intention véritable de Hume qui serait de procéder à la critique de toute espèce de religion : la religion, quelle que soit sa forme, serait toujours mue par les passions et ne manquerait pas d'agir en retour sur les passions. Mais Hume dit ce qu'il veut dire, à savoir qu'il faut distinguer entre deux sortes de théisme, l'un rationnel et l'autre populaire. Le premier, sous le nom de *religion naturelle*, est philosophique et l'on peut se demander s'il fait une véritable religion ; le second qui, positivement, dérive du polythéisme, est incontestablement une religion, avec toute sa puissance passionnelle et toute sa faiblesse théorique (ce théisme ne laisse pas de revenir à des formes larvées de polythéisme).

On voit par là que la distinction initiale entre le fondement et l'origine permet d'écarter de l'étude la question du fondement de la religion dans la raison – la réponse à cette question étant déclarée évidente par soi à plusieurs reprises, et cette évidence supposée jouant le rôle d'un contrepoids à l'analyse causale en cours – pour ne retenir que l'étude de la manière dont les passions motivent les hommes, dans ce mouvement qui mène au polythéisme et qui se poursuit au cœur de leur vie religieuse, du polythéisme au théisme (et retour). Mais l'on sait qu'il n'y a pas d'évidence qui résiste à la critique sceptique, ce dont les *Dialogues sur la religion naturelle* donneront la preuve.

Mais cette distinction initiale a encore une autre fonction, celle d'introduire la différence entre ce que serait un *examen rationnel* s'interrogeant sur les fondements de la religion et ce qu'est, ici, *une explication causale* de la genèse et du développement des religions. On sait depuis le *Traité de la nature humaine* que toute tentative de chercher dans la nature humaine le fondement rationnel de nos inférences causales est vouée à l'échec. Mais on sait aussi, depuis ce même ouvrage, que la critique sceptique de la rationalité, critique qui conduit à la suspension du principe de raison, n'empêche nullement de procéder à une science causale de la nature humaine : il suffit pour cela de ne pas exiger de la *cause* d'un effet qu'elle vaille comme la *raison* de cet effet. D'où ce qu'on appelle le *naturalisme* de Hume. Sceptique quant à toute tentative de fondation, Hume se montre en matière d'explication causale tout à fait positif.

On peut dès lors donner un premier sens à l'adjectif *naturel* inclus dans le titre : est *naturelle* toute explication des phénomènes (ici, les phénomènes de religion) à partir des principes premiers de la nature humaine (ici, les passions). Répétons que *naturel* ne peut signifier *rationnel* et que parler de *religion naturelle*, comme le font les philosophes, et parler d'histoire *naturelle*, comme le fait Hume, c'est donner deux sens distincts au même mot.

Toutefois, il faut être plus précis. En effet, dès son introduction, invoquant le fait que l'on a découvert quelques nations qui n'entretenaient aucun sentiment de religion, Hume conclut rapidement que la religion n'est pas elle-même un principe premier qui serait inscrit dans la nature humaine, sachant qu'un principe n'est rien qu'une cause générale, mais qu'elle est un principe secondaire, dérivé de certaines passions qui sont, elles, des principes premiers. Or, le propre des passions, toutes primitives qu'elles soient, est d'être suscitées par certains objets et d'être livrées aux circonstances de l'existence humaine. De sorte que la dérivation des phénomènes de religion à partir des principes premiers de la nature humaine et eu égard aux circonstances, peut prendre la forme d'une *histoire* qui sera comprise comme l'enchaînement causal par lequel les passions humaines, au vu de la condition des hommes (qui varie dans l'histoire selon le degré de satisfaction de leurs besoins et selon le degré de civilisation où ils sont parvenus), engendrent successivement et dans un ordre déterminé les différentes formes de religion. Warburton a bien raison de dénoncer le naturalisme de Hume. Il a tort d'y trouver matière à scandale : il est évident que la religion agit sur les comportements des hommes, qu'elle mobilise leurs affections, qu'avant d'être un corps doctrinal, elle est une pratique qui répond à des attentes de vie et qui s'exprime dans des cultes. Et on ne voit pas ce qui pourrait interdire qu'on en fasse l'étude dans la science de la nature humaine, comme on fait l'étude des comportements moraux ou de l'action politique. En d'autres termes, les hommes n'ont pas commencé par être rationnels.

Avec de pareils propos, Hume ne pouvait pas ne pas heurter la sensibilité dominante de ses contemporains. Si l'idée d'un progrès de la raison était bien admise, elle allait de pair avec cette autre idée que la nature humaine renferme en elle-même tous les ressorts d'un tel progrès.

Ainsi, dans l'Angleterre du XVIIIe siècle, pouvaient cohabiter
en bonne intelligence et les esprits entretenant un
rationalisme pondéré et certains hommes de religion
modérés dans leur orthodoxie, ouverts les uns et les autres
à un effort de rationalisation de la religion ; au point que
la différence entre eux pouvait n'être plus qu'une affaire
de nuance, selon le point de départ adopté. Et l'on peut
dire que, dans les milieux libéraux, la religion naturelle
(rationnelle) et l'orthodoxie faisaient plutôt bon ménage
en Grande-Bretagne, sauf dans leurs formes les plus
extrêmes. Or l'un des facteurs de cette complicité était
précisément cette idée que la religion trouve sa racine dans
la nature humaine, une nature contenant en son principe
les germes la raison ; mais qu'elle a dû se développer
d'abord dans des formes plus populaires, plus passionnelles,
prêtant à des d'excès et des déformations, et qu'elle ne
manquera pas de se raffiner avec les progrès de l'esprit
humain, jusqu'au point où elle pourra être enfin ressaisie
ou du moins éclairée dans son fondement rationnel. À quoi
l'on ajoutera que l'humanité dans son enfance avait besoin
d'une Révélation et que parvenue à son âge adulte elle
peut davantage faire reposer la religion sur des preuves
philosophiques. Le respect dû à la Révélation n'était pas
pour autant diminué ; et la question de savoir jusqu'où
l'évidence rationnelle peut se substituer au contenu révélé
restait un objet de débat. Dans cette sorte de téléologie,
soit pédagogie de Dieu, soit pédagogie de la nature, nature
et raison, distinctes à l'origine, pouvaient se confondre
finalement.

Incontestablement, Hume brise avec ce consensus
inavoué ; et il le fait, comme toujours, de la manière la
plus simple et la plus directe. En effet, cette téléologie que
nous venons d'esquisser brièvement suppose que soit

conservé, au moins à titre de figure sinon de vérité historique, le schéma biblique : à l'origine, fut le théisme, représenté dans Adam, puisque le théisme est le seul système de religion qui puisse être fondé en raison ; puis à cause de des passions et des égarements des hommes, ce théisme primitif dégénéra en polythéisme ou en idolâtrie et il fallut, il faut encore, toute la force de la Révélation ou tout le travail de la raison philosophique pour rétablir la religion dans sa sublime pureté. Or Hume, ayant commencé par poser que la religion n'est pas un instinct primitif, mais qu'elle est un objet historique, et qu'à ce titre, loin d'avoir été dévoyée par les passions, elle en est le pur produit, un produit dont on peut faire la genèse – Hume, fort logiquement, soumet à la décision de l'histoire la question de la première religion des hommes. Et l'histoire montre que la première religion de l'humanité fut le polythéisme et non le théisme. Aucun argument rationnel ne permet de soutenir l'idée qu'un théisme primitif aurait précédé ce polythéisme attesté de partout. Certes, la question des origines de la religion dépasse le pouvoir d'une histoire travaillant sur documents. Mais comment supposer que dans la préhistoire le théisme aurait prévalu et que les hommes auraient cessé d'y rapporter leur foi, dès qu'ils eurent commencé à laisser des traces de leur existence et de leurs sociétés ? Par quel accident la race humaine aurait-t-elle pu oublier cette religion parfaite originelle ? À la suite de quelle distraction serait-on passé du Dieu suprême et infini à la multitude des dieux du paganisme ? Bref, les faits sont les faits ; et leur évidence est plus forte que le préjugé d'une religion primitive, pure et universelle.

IV. Une histoire de la religion

Un tel propos offensait autant le rationalisme que l'orthodoxie. À la recherche d'une religion universelle, les déistes eux-mêmes ne s'éloignaient guère de l'idée que les vérités de la religion rationnelle pouvaient être détectées au cœur des religions positives (et d'abord des diverses églises du Christianisme), véritable vestige d'un âge d'or primitif, où tous les hommes n'adoraient qu'un seul Dieu, auteur parfait et suprême de l'univers. De sorte que l'histoire, celle qui sépare cette origine du moment où la raison, enfin libérée de l'ignorance et mieux éclairée, retrouve ce qui était enfoui ou perdu, serait une histoire simplement négative : non pas histoire de la religion, car la religion est unique et universelle, mais longue suite des déformations produites par la superstition et l'enthousiasme et habilement entretenues, sinon suscitées par la classe des prêtres. Il suffirait de détruire ces masques pour faire entendre de nouveau, à travers la raison, la voix de la nature humaine, qui parle en faveur de son Créateur. Cette version laïcisée de l'histoire du salut n'en différait donc dans son fond que sur la question de la nature et de l'importance de la corruption qui avait éloigné les hommes de leur foi primitive, la thèse extrême d'une corruption radicale, adoptée par les sectes les plus orthodoxes du Protestantisme, interdisant que les hommes pussent revenir à des croyances plus justes par leurs seules forces naturelles (raison comprise).

Les premières sections de L'*Histoire naturelle de la religion* éloignent le lecteur de telles considérations. Si la croyance religieuse est secondaire, n'étant pas universelle, si de ce fait elle ne fait pas partie des principes premiers qui interviennent de façon nécessaire et permanente dans tous les domaines de l'activité et de la pensée humaine, alors il peut y avoir une véritable histoire de la religion et l'on peut en étudier le développement nécessaire, c'est-à-dire causal, relativement aux différents états de la condition humaine.

On a fait de Hume un des ancêtres de l'histoire des religions. Mais un esprit moderne ne manquera pas de souligner la faiblesse de sa documentation et de sa méthode. Il n'y a pas dans le texte d'analyse véritablement historique et l'auteur emprunte au fond classique de l'antiquité beaucoup de ses références, qu'il traite sous forme d'illustrations à commenter et à associer. Toutefois, il faut voir que Hume – et l'on ne saurait suspecter l'auteur de *l'Histoire d'Angleterre* d'être indifférent à la science historique – ne se propose pas de faire une histoire *des* religions, mais bien une histoire *de la* religion.

Deux considérations permettent de comprendre un tel projet. D'abord, l'idée que les passions (exceptées celles qui sont artificielles) sont indestructibles, et donc que les principes de la nature humaine sont uniformes en tout temps et à toute époque. Par exemple, la crainte de l'avenir ne trouve assurément pas la même expression chez les barbares et dans une nation civilisée, mais elle a bien la même nature. Ensuite, les religions, dans leurs cultes et leurs rites, mais aussi dans leurs croyances, sont fondamentalement des pratiques, mues par certaines passions et travaillant à certaines fins. Or il y a beaucoup moins de variété dans les mœurs que dans les représentations, et toutes les différences doctrinales qu'on trouve entre les religions ont peu d'effet sur les principes qui les animent. Peu importe les dogmes, les mystères, les formes cultuelles, pourvu qu'on apaise les dieux courroucés. L'imagination a libre champ, à condition qu'elle transforme la crainte en espérance. Il faut toujours en revenir à la source de la religion : la nécessité de vivre, c'est-à-dire de conjurer le futur proche ou éternel, de rendre possible un bonheur immédiat et de se donner des garanties en vue du bonheur céleste. Certes, le rôle des circonstances, des époques, des individus, ne peut être nié. Mais Hume a une conception suffisamment souple de la causalité pour qu'une liaison causale puisse être variée ou enrichie par exception, correction et complication, sans que l'inférence correspondante soit par là invalidée.

Cette histoire est naturelle, en un second sens : elle n'est pas surnaturelle. Après d'autres, Hume refuse la discontinuité maintenue au nom de la Bible entre les temps anciens, temps des miracles, et les temps modernes qui obéissent aux seules lois naturelles. Si la Bible prétend que le théisme a précédé le polythéisme, il ne fait pas de doute qu'elle se trompe, car les faits montrent le contraire. En un mot, les faits religieux sont semblables à tous les autres faits. Et on y retrouve tous les éléments qui entrent dans la constitution de l'histoire. Les différents systèmes de religion ne cessent d'obéir aux mêmes principes contradictoires : la crainte qui produit l'image d'une divinité cruelle, et l'adulation qui engendre la notion d'un être parfait et suprême. L'une peut être dominante selon les circonstances, mais elle n'exclut jamais l'autre ; au contraire elles s'appellent réciproquement, la perfection divine augmentant les craintes humaines et ces mêmes craintes renforçant les pratiques adulatrices. Néanmoins, la religion n'évoluerait pas si elle ne dépendait pas aussi de la principale variable historique que Hume reconnaisse, à savoir la raison. Contrairement aux principes de la nature humaine, la raison, dont le développement est soumis au jeu de certains de ces principes, lorsqu'ils sont confrontés à l'expérience, est capable de se perfectionner, d'élargir son système et d'aménager l'existence humaine. À cet égard, elle a le pouvoir de transformer les conditions de notre vie, d'instituer un ordre politique, de promouvoir les sciences. Modifiant l'environnement de l'homme, elle modifie le rapport des passions et oriente leurs opérations. Ainsi la naissance du théisme est-elle liée à un certain état de la civilisation : l'essor des sciences donne aux hommes de plus justes idées de la perfection ; l'institution d'un ordre politique stable conduit à penser que les dieux sont eux-mêmes associés selon des rapports hiérarchisés, etc. Par là, de nouveaux domaines s'ouvrent aux principes naturels de l'éloge et de la flatterie, la limite étant atteinte lorsqu'on touche à l'infini et à la perfection suprême.

Naturelle, parce que le phénomène étudié est semblable aux autres phénomènes, l'histoire de la religion l'est aussi par la méthode qu'elle utilise. Car elle est soumise à deux contraintes. D'une part, elle se veut explicative et non narrative, même si l'explication prend la forme d'un récit. Inversement, une histoire *des* religions reste narrative même si elle ne se prive pas d'explication. Une pareille histoire *naturelle* ne cesse d'en appeler à des principes généraux et d'en conclure des effets. Aussi ne suffit-il pas de classer ou de décrire les diverses religions ; il faut encore considérer la religion comme un tout au sein duquel chaque forme est liée à la précédente et à la suivante, en vertu des principes mêmes de la nature humaine ; les hommes eux-mêmes ne sont guère capables d'en modifier le cours (ainsi Hume insiste-t-il sur le fait que les pratiques du clergé ne sauraient tout expliquer à elles seules). D'autre part, la question posée de l'origine de la religion concerne des « faits » qui sont antérieurs à toute histoire, qui ne font pas l'objet d'une connaissance historique et qui ne peuvent

donc être que construits à la faveur d'une argumentation
constituée en un système explicatif.

V. LA PLACE DE *L'HISTOIRE NATURELLE DE LA RELIGION*
DANS L'ŒUVRE

Deux points sont à éclaircir : le rapport qu'il convient
d'établir entre l'*Histoire naturelle de la religion* et les
Dialogues sur la religion naturelle, et la raison pour laquelle
Hume a pu placer l'*Histoire* à la suite de l'*Enquête sur les
principes de la morale*, dans les *Essays and Treatises*.

Les premières réflexions de Hume, appelées à devenir
ensuite l'*Histoire* et les *Dialogues* datent sans doute de la
même période, entre 1749 et 1751, même si la publication
intervint beaucoup plus tardivement, 1757 pour le premier
texte, 1779 pour le second, trois ans après la mort de
l'auteur. C'est donc la même pensée qui est à l'œuvre dans
les deux textes ; et il faut les lire simultanément[1].

La distinction entre le fondement et l'origine de la
religion pourrait suffire, semble-t-il, à fixer le rapport des
deux ouvrages. La religion naturelle relèverait de la question
du fondement dans la raison et l'étude de ce problème
serait réservée aux *Dialogues* ; au contraire, les religions
positives ou religions populaires, qui font fi de toute
rationalité et qui, pour certaines, se font un mérite de leur
absurdité, ne devraient être envisagées que sous l'angle

---

1. On remarquera que Hume annonce par deux fois dans l'*Histoire
naturelle de la religion* les méthodes que Philon adoptera dans les
Dialogues. À la fin de la section XIII, l'auteur évoque les procédés
utilisés par Cotta dans le *De natura deorum*, procédés appliqués par
Philon dans l'argumentation des sections V à VIII des *Dialogues*.
Comment d'autre part ne pas faire le parallèle entre la conclusion du
premier texte et la fin de la VIII section du second ?

de leur origine dans la nature humaine et de leur développement à travers l'histoire. Mais le *corollaire général* de l'*Histoire* contredit manifestement cette distribution puisque, par un raccourci brutal, il réajuste la distinction entre les deux types de religion, et la développe à nouveau au sein même de la question de l'origine : de même que les religions populaires ont leur origine dans l'expérience du désordre, lié à l'existence humaine, de même la religion naturelle a son origine dans l'expérience de l'ordre de la nature physique, exprimé par la science newtonienne. La première a sa source dans la crainte et l'espérance, la seconde dans la curiosité et l'amour de la vérité. L'une a pour condition l'ignorance de l'humanité primitive, l'autre n'a pu se développer que dans un âge éclairé où les hommes jouissent de l'abondance et de l'oisiveté. Autrement dit, le processus génétique des religions populaires vaut également, dans son principe, pour la religion savante [1], la seule différence étant qu'il s'applique à des termes opposés. La distinction, si la religion naturelle doit être considérée comme une religion, n'est donc pas entre deux ordres d'examen philosophique ; elle est à placer au cœur même du concept de religion. Car Hume suggère que l'expérience du désordre appelle le polythéisme, puis le théisme, tout aussi sûrement que la science de la nature appelle l'argument du dessein qui supporte la religion naturelle. Opposés, ces deux systèmes ne s'excluent cependant pas mutuellement, car ils ne couvrent chacun qu'une moitié de l'expérience humaine.

---

1. Cet aspect positif des *Dialogues* est développé dans la section XII. Voir sur ce point notre commentaire, suivant la traduction que nous avons donnée de l'ouvrage, 2ᵉ édition en poche corrigée et augmentée (Paris, Vrin, 1997).

Et l'on ajoutera, à cet égard, que l'argument moral qui conduit aux religions populaires n'est pas moins nécessaire que l'argument du dessein qui conduit à la religion naturelle ; mieux : que l'argument moral qui motive les religions populaires, motive encore dans un contexte plus rationnel la religion naturelle [1]. En conséquence, pour reprendre les termes du *Corollaire général*, c'est la religion en général qui devient énigme et mystère, c'est-à-dire l'effet contrasté des passions humaines, à la fois uniformes et diverses ; uniformes dans leur opération, diverses dans ce qui les anime. Au demeurant, l'on observera que la religion, étant d'une manière générale et d'abord une attitude, une conduite pratique liée à des besoins humains, s'accommode assez facilement de la contrariété et que le théisme populaire né du polythéisme, qui est lui-même né de l'expérience du désordre de la scène humaine, et le théisme savant né de l'expérience de l'ordre de la nature, s'accordent au moins provisoirement sur la notion d'un principe créateur suprême qui est toute perfection, et n'hésitent pas à faire un bout de chemin ensemble.

On pourrait alors être tenté de dire que la question du fondement disparaît et qu'elle est définitivement supplantée par celle de l'origine. Toutefois, il y a deux façons de considérer la religion naturelle : soit comme une véritable religion, portée par un réel sentiment religieux et susceptible de nourrir une croyance ; soit comme un objet philosophique. Comme religion, elle est motivée par l'espoir d'une réconciliation, dans la dispensation de la Providence, de l'ordre de la nature et des désordres de l'homme, et par l'attente d'une distribution morale dont l'harmonie sera le répondant dans la vie éternelle de l'harmonie observée

1. Cf. *Dialogues*, sections X et XI.

dès maintenant dans la nature des choses[1]. En revanche, comme objet philosophique, elle est une recherche de nature spéculative portant sur la question de l'origine du monde et sur la cause de l'ordre universel. Il est vrai que dès la section III des *Dialogues* le défenseur de la religion naturelle a l'habileté d'abandonner la demande d'une preuve expérimentale satisfaisante pour la raison, et d'en appeler à une croyance naturelle, à une évidence finale, comparable aux croyances naturelles qui nous font tenir des inférences causales ou poser l'existence du monde extérieur. Mais le sceptique montre que la question, de nature cosmologique, est philosophique et qu'à cet égard elle est entièrement livrée à une controverse sans espoir : aucune expérience (toute expérience étant l'expérience d'une *partie* du monde) ne pouvant prouver l'intention finale que suppose l'argument du dessein. Là le sceptique triomphe, son entreprise étant d'une autre espèce que la science naturelle de la religion. Il s'agit en effet d'examiner les arguments qui sont agités de part et d'autre, de voir si l'on peut jamais conclure, de poursuivre la critique sceptique de la causalité jusque dans son dernier retranchement : la finalité. Tel est l'objet principal des *Dialogues*[2].

L'*Histoire* et les *Dialogues* sont donc deux ouvrages compatibles. Sont-ils deux ouvrages complémentaires? Incontestablement, il y a une sorte de partage des tâches qui est à l'image de la double caractérisation de la philosophie humienne en général : sceptique dans sa dimension rationnelle, positive dans sa dimension

1. L'ouvrage le plus représentatif et le plus remarquable de ce théisme moral, à la fois philosophique et profondément religieux, est sans doute l'*Analogie de la religion naturelle et révélée* de Joseph Butler (1736).

2. Sur tout ceci, voir notre introduction aux *Dialogues*.

naturaliste. Depuis le *Traité* la critique sceptique la plus sévère va de pair avec l'établissement de la science naturelle de l'esprit humain et de ses œuvres. À propos de la religion, un tel accord n'est pas sans conséquence, puisque cela revient à dire que la question du fondement est une question purement philosophique qui est la proie d'une critique sceptique triomphante, comme le montrent les *Dialogues*, et que la question de l'origine reçoit, elle, un traitement positif dans le cadre de la science de la nature humaine. Dans cette division la religion perd son évidence propre, cette évidence si caractéristique par laquelle elle prétend représenter dans un corps fondé de doctrine l'ensemble des pratiques qu'elle dit essentielles à la vie et au bonheur des hommes, et qui sont de fait si importantes dans l'expérience humaine. Hume ne tire pas expressément une telle conclusion ; dans l'*Histoire*, il la masque sous des formules apaisantes ; dans les *Dialogues*, il la diffuse dans des arguments sceptiques. Il est vrai que, dans la Grande-Bretagne du XVIIIe siècle, la tolérance avait des limites, non seulement celle des autorités politiques et ecclésiales, mais aussi celle du public.

L'explication de l'origine du polythéisme et de l'évolution qui mène au théisme n'occupe que la moitié du texte. L'autre moitié est consacrée à la comparaison de ces deux formes de religion. Hume poursuit en effet en développant une comparaison entre le polythéisme et le théisme, considérés successivement dans leurs effets sociaux, psychologiques, intellectuels, religieux et moraux. Le projet de l'auteur n'est donc pas seulement de retracer l'histoire de la religion, mais encore d'apprécier les systèmes qui s'y trouvent renfermés. Et la comparaison est loin d'être défavorable au polythéisme, de sorte que l'on a pu voir, dans cette façon d'attaquer le préjugé général qui règne en faveur du théisme, la marque des sentiments antireligieux de Hume. Trop de prédicateurs prétendent défendre leur propre orthodoxie en dénonçant les absurdités et les conséquences néfastes des églises rivales. Mais le propos se justifie aussi de l'intérieur même de la philosophie humienne. Les croyances, naturelles ou artificielles, sont des principes qui se jugent par leur utilité. Sans la croyance en l'existence des corps, par exemple, nous ne saurions ni vivre ni penser, et il faut pour cela savoir gré à la Nature de l'avoir implantée dans l'esprit humain, quelque irrationnelle qu'elle apparaisse quand on en fait la genèse. *A fortiori*, les croyances qui sont liées à l'histoire des hommes doivent-elles être saisies pragmatiquement, dans leurs effets, croyances religieuses comprises. Même les plus rationalistes des théistes expliquent que le Christianisme est utile parce qu'il élève et dirige en même temps l'esprit du peuple et que la religion naturelle apporte cette certitude indispensable que la vertu sera récompensée à son juste mérite. Bref, tout culte est une conduite, toute croyance est un certain comportement de l'esprit. Ces conduites ou ces comportements sont-ils approuvés, doivent-ils être approuvés? La question est morale. Et c'est pourquoi l'*Histoire naturelle de la religion* est bien à sa place après l'*Enquête sur les principes de la morale*. Elle peut être prise comme un élargissement de l'étude des mœurs et des qualités humaines, ou de l'examen du mérite.

La religion a deux modes d'action. Le premier est doctrinal. Dans ses formes les plus raffinées, lorsqu'elle s'élève à la pure représentation d'un principe suprême, elle est susceptible d'apparaître raisonnable aux yeux même de la philosophie. Mais lorsque celle-ci s'allie avec celle-là, il en résulte la bigoterie qui remplit tout l'espace spéculatif de ses disputes dogmatiques et malmène ou pervertit la raison[1]. Le second est l'influence qu'elle exerce directement sur les mœurs, notamment en suscitant des vertus artificielles contraires aux sentiments naturellement bienfaisants de la nature humaine. Elle corrompt alors l'âme elle-même et suscite l'intolérance, la guerre et bien d'autres maux. Et Hume n'a pas de mal à trouver dans l'histoire mille exemples des désordres produits par les religions positives.

La comparaison entre le polythéisme et le théisme (le théisme philosophique excepté) montre que de l'un à l'autre il n'y a pas de progrès, que le second retombe aisément dans le premier et que, lorsqu'il s'en tient à l'adoration d'un Être parfait, il a d'autant plus besoin d'exagérer ses pratiques et de flatter son Dieu, en sacrifiant les principes les plus essentiels à la vie morale, sociale et politique des hommes. Non seulement le théisme reste fondé sur les mêmes principes que le polythéisme, mais il en accroît encore la violence et la contrainte. Un Dieu tout-puissant est infiniment plus redoutable que les aimables divinités de la mythologie, et pourtant il ne faut cesser de le louer. Il en résulte une véritable perversion du cœur humain forcé de se mentir à lui-même. Bien plus, un tel système prétendra se justifier selon la raison, se subordonnera la philosophie et joindra le dogmatisme le plus intransigeant aux absurdités les plus manifestes. Et l'esprit humain, déchiré par une telle contradiction, trop faible – ou trop sain – pour s'aveugler de la sorte, tentera de se ménager un équilibre précaire, en pratiquant un compromis entre le polythéisme plus conforme à ses capacités et le théisme auquel ses terreurs exacerbées le portent.

---

1. Hume revient à plusieurs reprises sur ce point, toujours de la manière la plus nette. Voir dans l'*Enquête sur l'entendement humain*, section XI.

Il reste une dernière question : est-il possible que le savoir et la civilisation triomphent des maux qu'engendrent les religions positives et débarrassent l'histoire de ces systèmes néfastes ? Hume ne répond pas explicitement, mais il semble qu'il faille opter pour la négative. Certes, les effets de la superstition sur l'esprit humain sont irréguliers, quoique la superstition soit sur ce point plus redoutable que l'enthousiasme [1], et ne peuvent totalement anéantir les fortes impressions de la nature ; certes, la philosophie n'est pas sans ressource pour libérer l'entendement des objets que la crainte fait naître ; mais est-elle capable de supprimer cette crainte elle-même ? Ne s'attaque-t-on pas de la sorte aux seuls effets intellectuels des systèmes de religion, et non à leur racine ? De plus cette lutte implique un effort, qui ne peut pas être soutenu très longtemps. L'histoire est faite d'essors et de chutes. La faiblesse de l'esprit humain est telle qu'intervient toujours un moment où il se relâche de sa tension ; et plus l'effort a été grand, plus la détente est vive. Ne pourrait-on pas dire cependant que si un tel progrès ne se réalise pas au niveau de toute l'humanité, il est tout du moins possible dans le cercle restreint des savants et des philosophes qui se sont libérés du joug de l'ignorance, cette condition indispensable à la crainte religieuse ? Là encore, il faut sans doute répondre non, comme le suggère la conclusion de l'*Histoire naturelle de la religion* : le philosophe n'est pas capable de suspendre son jugement de façon durable. Il est certainement sage et avisé aussi longtemps qu'il reste dans ses études ; mais il est également un homme qui vit et qui a des passions comme tout un chacun. Les plus grands hommes n'ont pas été les moins superstitieux. Que

1. *Cf.* l'essai *Superstition et enthousiasme, Essais I, infra,* p. 41-55.

faire dans ces conditions ? La solution de Hume est modeste :
pour libérer la philosophie de la religion, il faut ne pas
cesser de philosopher sur la religion, afin d'entretenir la
guerre entre tous les systèmes, en les chargeant eux-mêmes
de s'entre-détruire par leurs luttes perpétuelles.

VI. LES ESSAIS NON PUBLIÉS

Retirés des *Quatre Dissertations* avant la parution du
recueil en 1757, les deux essais *Du suicide* et *De
l'immortalité de l'âme* furent publiés en 1777, un an après
la mort de Hume et dans des conditions assez obscures.
Une traduction française avait paru en 1770, faite sans
doute par le baron d'Holbach.

Ces deux dissertations posthumes sont des textes de
nature critique. Elles s'en prennent à deux dogmes qui
étaient inscrits très largement dans le fonds religieux de
l'époque.

Certes, la question de l'immortalité de l'âme n'avait
rien de nouveau et, en terre britannique, elle était encore
alimentée par les débats sur la substance pensante, née des
propos tenus par Locke, dans son *Essai sur l'entendement
humain* [1]. Or le matérialisme ne répondait guère au sentiment
dominant du moment et ce n'est pas sous l'angle de la
querelle métaphysique qu'il faut aborder cet essai, mais
bien plutôt sous l'angle de la vie morale, assurément
intéressée par la perspective (ou non) de l'immortalité. Un
Butler, homme de religion et fin philosophe, pouvait
défendre de manière argumentée, et cela avec l'agrément
de la majorité de ses concitoyens, l'idée que, dans le projet
divin du salut des hommes, l'immortalité de l'âme est
indispensable au triomphe de la justice, tant au titre du

---

1. Locke, *Essai sur l'entendement humain*, IV, 3, 6.

salut voulu par le Dieu rédempteur qu'au titre de l'équité et de la justice attendue par les hommes. Le méchant ne saurait triompher jusque dans la mort. La rétribution par Dieu des mérites du juste satisfaisait ainsi et à une espérance personnelle et aux besoins de la vie sociale dans son esprit de justice.

L'interdiction du suicide suivait tout naturellement. Dieu, dans sa providence, a inscrit dans le cœur de l'homme la loi naturelle qui réprouve cette solution extrême et rend inutile l'usage désespéré d'un tel moyen, puisque les maux endurés sur cette terre seront réparés dans la vie éternelle.

En vérité, Hume ne se soucie pas vraiment de trancher la question de la matérialité ou de l'immatérialité de l'âme quoiqu'il prenne un malin plaisir à se faire l'avocat du diable. Il utilise un procédé déjà utilisé dans la section XI de l'*Enquête sur l'entendement humain* et qu'on retrouvera plus tard dans les *Dialogues sur le religion naturelle* : ni l'un ni l'autre dogme ne peuvent être établis sur le fondement de l'expérience que nous avons du monde naturel ou du monde moral.

En revanche, la charge critique, qui prend la forme d'une avalanche d'arguments additionnés les uns aux autres, est sévère, poussée même jusqu'à la désinvolture, soit qu'elle se joue de l'analogie qui est implicitement faite du monde naturel au monde éternel, lequel est un monde moral, soit qu'elle renoue avec l'argument de l'*Enquête* qui établissait l'impossibilité de dériver les attributs moraux de la Divinité de ses attributs naturels, soit encore qu'elle emploie à contretemps l'argument de la finalité.

En revanche, si rien d'autre que la Révélation divine ne permet de conclure à l'immatérialité de l'âme, question métaphysique que les partisans de l'immortalité de l'âme (fondée sur son immatérialité) s'acharnent à transformer en une question pratique, la question du suicide est, elle, véritablement une question pratique qui doit donc pouvoir être tranchée : le suicide est permis et même justifié lorsque l'homme est placé dans une condition extrême qui le fait recourir à un pareil acte.

Renouant avec une tradition ancienne, la dissertation commence par développer l'idée que le suicide ne porte pas atteinte à notre devoir envers Dieu, dont l'autorité ne saurait se manifester autrement que dans les lois de la nature, telles qu'elles règlent le cours de l'univers en assurant l'équilibre entre l'ordre matériel et l'ordre animal. Tout leur est soumis, y compris la liberté qu'a l'homme d'attenter à sa propre vie. Contester ce fait, c'est contredire l'expérience que nous avons du monde ou faire une brèche dans le rigoureux déterminisme qui préside aux destinées de l'univers et de chacune de ses parties. Il faudrait donc que l'interdiction du suicide ait une origine morale. Or, s'il est vrai que le sens moral est naturel, puisqu'il est inscrit en nous sous la forme d'un sentiment primitif, il est tout aussi vrai qu'il nous commande de travailler à notre propre bien et à celui du genre humain. Un homme qui se retire de la société ne lui fait pas de mal, il cesse seulement de lui faire du bien; et de toute façon, nos obligations envers autrui ont une limite. Quant à notre propre personne, sachant que notre nature répugne au suicide, puisqu'elle est primitivement animée par le désir de vivre, et de survivre, il apparaît qu'un tel acte contre nous-mêmes sera toujours justifié par des conditions d'existence si dégradées que vivre soit devenu pire que mourir.

La seconde dissertation, sur l'immortalité de l'âme, brasse plusieurs thèmes humiens. La notion de substance, Hume emprunte à Locke, cet argument, est incertaine et confuse et, si elle est utile à titre de condensation d'une multiplicité de qualités, elle est néanmoins incapable de soutenir un quelconque raisonnement métaphysique. Pour leur part, les arguments moraux font appel à l'idée de Providence. Or comment découvrir celle-ci dans une nature parcimonieuse, répondant à peine à nos besoins terrestres les plus simples ? En toute rigueur, les partisans de l'immortalité de l'âme ne devraient se représenter Dieu que sous les traits d'un être barbare et capricieux. Après l'argumentation métaphysique qui se montre impuissante à fournir un fondement solide et une argumentation morale qu'on peut retourner jusqu'à la rendre scandaleuse, il ne reste que l'argumentation physique, la seule, dit Hume, qui soit justifiée et qui sur ce sujet placé hors des limites de l'expérience ne peut procéder que par des raisonnements analogiques, lesquels raisonnements nous conduiraient bien plutôt à professer la mortalité de l'âme. La conclusion du texte est si brève que le lecteur la prendra comme il voudra : seule la Révélation peut nous instruire de l'immortalité de l'âme.

XI. Principes de la présente traduction

Accomplissant le vœu de Hume, la vieille édition de T. H. Green et T. H. Grose, *The philosophical Works of David Hume* (London, 1874-1875) donnait dans le volume IV l'*Histoire naturelle de la religion* à la suite de l'*Enquête sur les principes de la morale*.

L'*Histoire naturelle de la religion* a fait l'objet d'une édition séparée, associée à celle des *Dialogues*, par A.W. Colver (Oxford, Clarendon Press, 1976). Cette édition donne le texte tel qu'il parut dans l'édition originale de 1757, accompagné de toutes les variantes jusqu'à l'édition de 1777. Intéressant, ce choix est néanmoins discutable. Il est intéressant dans la mesure où on peut suivre chronologiquement le travail de correction mené par Hume, il est discutable dans la mesure où l'on n'a pas l'état définitif du texte, tel que voulu par le philosophe.

Une nouvelle édition critique (associée en un seul volume à celle de la *Dissertation sur les passions*) a été récemment assurée par T. L. Beauchamp (Oxford, Clarendon Press, 2007) au sein de la « Clarendon Edition of the Works of David Hume » actuellement en cours de réalisation. La qualité scientifique de cette édition, établie avec la plus grande rigueur, en fait l'édition de référence. Le texte est donné à partir de l'édition de 1772, la dernière du vivant de Hume, celle de 1777, posthume, mais que Hume avait préparée, étant consultée pour l'établissement des variantes (peu significatives) ou de rares corrections.

Concernant les *Essays*, dans l'attente du volume qui leur sera consacré dans la Clarendon edition), on utilisera l'excellente édition de E. F. Miller (David Hume, *Essays moral, political and literary* donnée chez Liberty Fund (Liberty classics, Indianapolis 1985), qui reprend l'édition de 1777. Une nouvelle édition révisée, datée de 1987, bénéficie de la comparaison de l'édition de 1777 avec celle de 1772.

Le texte anglais qui est ici proposé est fondé sur l'édition de 1777. Nous avons modernisé l'orthographe pour en faciliter la lecteur (suppression ou remplacement des deux points ou des points virgules de liaison, si fréquents au XVIIIe siècle, suppression des virgules placés entre le verbe et la proposition complétive, entre l'antécédent d'un relatif et ce relatif déterminant, etc.). Nous proposons donc un texte « normal », sans prétention critique.

On le sait, Hume corrigea soigneusement les éditions successives de ses œuvres. Il réécrivait peu, mais ajoutait ou retranchait ; et il ne cessait d'apporter de menues corrections littéraires ou orthographiques. Il est inévitable que la plupart de ces dernières disparaissent dans la traduction. Nous n'avons donc retenues que les variantes qui pouvaient être philosophiquement significatives.

La culture classique de Hume est grande et les références abondent aux auteurs de l'Antiquité, plus rarement aux Modernes. Le lecteur d'aujourd'hui n'a peut-être pas la même familiarité avec cet immense domaine. Nous avons conservé sous le texte anglais les références en l'état où Hume les donnait, mais nous les avons précisées en les modernisant sous la traduction.

La langue de Hume est une langue d'usage, celle qui pouvait être reçue par le public cultivé de l'époque. Littéraire, elle n'a rien d'érudit ni de pédant. Vouloir dans la traduction la traiter en appliquant les principes de ce qui passe aujourd'hui pour un devoir d'acribie philosophique et de rigueur conceptuelle, conduirait non seulement par anachronisme à des contresens, mais serait encore une faute de goût. Par ailleurs, le devoir de conserver au texte son caractère aisé et cultivé impose en français certains changements de tournure ou des modifications dans l'ordre dans les mots ; quoique, Hume étant un analyste remarquable, l'ordre des idées soit à respecter. Partagé entre ces deux sortes de fidélité, le traducteur est condamné à faire à chaque fois *au mieux*. Il va sans dire que l'exercice de la traduction est une école de modestie.

Les longues variantes de l'essai *Superstition et enthousiasme* ont été placées à la suite du texte.

Les notes de Hume sont appelées par des astérisques ; nos propres notes par des chiffres arabes. Tout ce qui est entre crochets est de notre fait. Quand nous présentons des variantes, nous mettons en italiques nos propres formules de présentation.

David Hume

SUPERSTITION ET ENTHOUSIASME
L'HISTOIRE NATURELLE DE LA RELIGION
DU SUICIDE
DE L'IMMORTALITÉ DE L'ÂME

OF SUPERSTITION AND ENTHUSIASM

1. That *the corruption of the best of things produces the worst*, is grown into a maxim, and is commonly proved, among other instances, by the pernicious effects of *superstition* and *enthusiasm*, the corruptions of true religion.

2. These two species of false religion, though both pernicious, are yet of a very different, and even of a contrary nature. The mind of man is subject to certain unaccountable terrors and apprehensions, proceeding either from the unhappy situation of private or public affairs, from ill health, from a gloomy and melancholy disposition, or from the concurrence of all these circumstances. In such a state of mind, infinite unknown evils are dreaded from unknown agents; and where real objects of terror are wanting, the soul, active to its own prejudice and fostering its predominant inclination, finds imaginary ones, to whose power and malevolence it sets no limits. As these enemies are entirely invisible and unknown, the methods taken to appease them are equally unaccountable, and consist in ceremonies, observances, mortifications, sacrifices, presents, or in any practice, however absurd or frivolous, which either folly or knavery recommends to a blind and terrified credulity. Weakness, fear, melancholy, together with ignorance, are, therefore, the true sources of Superstition.

SUPERSTITION ET ENTHOUSIASME

1. C'est maintenant une maxime établie que *la corruption des meilleures choses engendre les pires*. Une des preuves les plus communes de cette vérité est celle qui se tire des effets pernicieux de la *superstition* et de l'*enthousiasme*, corruptions l'une et l'autre de la vraie religion.

2. Ces deux sortes de fausse religion, quoique également funestes, sont cependant d'une nature très différente et même opposée. L'esprit de l'homme est sujet à certaines terreurs, à certaines appréhensions inexplicables, qui naissent d'une situation personnelle ou publique malheureuse, d'un mauvais état de santé, d'une humeur sombre et mélancolique, ou de la réunion de toutes ces circonstances. Dans un tel état d'esprit, il faut redouter mille maux inconnus de la part d'agents également inconnus; et quand il n'y a rien de réel à craindre, l'âme aussitôt, s'activant à ses propres dépens et s'abandonnant à son inclination dominante, s'invente des objets imaginaires, à la puissance et la malveillance desquels elle ne met pas de limites. Comme ces ennemis sont totalement invisibles et inconnus, les méthodes adoptées pour les apaiser sont également inexplicables : ce sont cérémonies, observances, mortifications, sacrifices, offrandes, toutes pratiques, si absurdes et futiles qu'elles soient, qui sont recommandées par la sottise et la fourberie à une crédulité aveugle et terrifiée. La faiblesse, la crainte et la mélancolie, jointes à l'ignorance, sont les vraies sources de la SUPERSTITION.

3. But the mind of man is also subject to an unaccountable elevation and presumption, arising from prosperous success, from luxuriant health, from strong spirits, or from a bold and confident disposition. In such a state of mind, the imagination swells with great, but confused conceptions, to which no sublunary beauties or enjoyments can correspond. Every thing mortal and perishable vanishes as unworthy of attention; and a full range is given to the fancy in the invisible regions, or world of Spirits, where the soul is at liberty to indulge itself in every imagination, which may best suit its present taste and disposition. Hence arise raptures, transports, and surprising flights of fancy; and, confidence and presumption still increasing, these raptures, being altogether unaccountable, and seeming quite beyond the reach of our ordinary faculties, are attributed to the immediate inspiration of that Divine Being who is the object of devotion. In a little time, the inspired person comes to regard himself as a distinguished favourite of the Divinity; and when this phrensy once takes place, which is the summit of enthusiasm, every whimsey is consecrated : human reason, and even morality, are rejected as fallacious guides, and the fanatic madman delivers himself over, blindly and without reserve, to the supposed illapses of the Spirit, and to inspiration from above. Hope, pride, presumption, a warm imagination, together with ignorance, are therefore the true sources of Enthusiasm.

4. These two species of false religion might afford occasion to many speculations, but I shall confine myself, at present, to a few reflections concerning their different influence on government and society.

3. Mais l'esprit humain est aussi sujet à je ne sais quelle élévation présomptueuse, qui naît d'un heureux succès, d'une santé prospère, d'un naturel ardent ou d'une disposition hardie et confiante. Dans un tel état d'esprit, l'imagination s'enfle et se remplit de grandes mais confuses conceptions, qu'aucune beauté ni aucune joie sublunaire ne sauraient égaler. Toutes les choses mortelles et périssables s'effacent, indignes d'être retenues. Et libre champ est laissé à la fantaisie qui parcourt les régions invisibles ou le monde des esprits, lieux où l'âme peut se livrer sans retenue aux chimères les plus conformes à son goût et à sa disposition du moment. De là viennent les extases, les transports, et ces envols de la fantaisie dont on s'étonne ; et, comme à force d'assurance et de présomption ces ravissements totalement inexplicables semblent aller bien au-delà des facultés ordinaires des hommes, ils sont attribués à l'inspiration immédiate de cet Être divin qui est l'objet de la dévotion. Il faut peu de temps pour que la personne inspirée s'estime choisie pour recevoir les faveurs de la Divinité. Une fois que ce délire s'est installé, ce qui est le sommet de l'enthousiasme, toute extravagance est consacrée : la raison humaine et même la morale sont écartées comme autant de guides fallacieux. Le fanatique, porté par sa folie, se livre aveuglément et sans réserve aux soi-disant mouvements de l'Esprit et à l'inspiration d'En-Haut. L'espoir, la suffisance, la présomption, une imagination échauffée, jointes à l'ignorance, sont les vraies sources de l'ENTHOUSIASME.

4. Ces deux sortes de fausse religion pourraient prêter matière à bien des spéculations ; mais je me limiterai ici à quelques réflexions sur l'influence différente qu'elles exercent sur le gouvernement et la société.

5. My *first* reflection is, *that superstition is favourable to priestly power, and enthusiasm not less, or rather more contrary to it, than sound reason and philosophy.* As superstition is founded on fear, sorrow, and a depression of spirits, it represents the man to himself in such despicable colours, that he appears unworthy, in his own eyes, of approaching the Divine presence, and naturally has recourse to any other person, whose sanctity of life, or perhaps impudence and cunning, have made him be supposed more favoured by the Divinity. To him the superstitious entrust their devotions; to his care they recommend their prayers, petitions, and sacrifices; and by his means, they hope to render their addresses acceptable to their incensed Deity. Hence the origin of Priests, who may justly be regarded as an invention of a timorous and abject superstition which, ever diffident of itself, dares not offer up its own devotions, but ignorantly thinks to recommend itself to the Divinity by the mediation of his supposed friends and servants. As superstition is a considerable ingredient in almost all religions, even the most fanatical, there being nothing but philosophy able entirely to conquer these unaccountable terrors, hence it proceeds, that in almost every sect of religion there are priests to be found but, the stronger mixture there is of superstition, the higher is the authority of the priesthood.

6. On the other hand, it may be observed that all enthusiasts have been free from the yoke of ecclesiastics, and have expressed great independence

5. Ma première réflexion [a] est que *la superstition favorise le pouvoir des prêtres, alors que l'enthousiasme s'y oppose autant et même plus que la saine raison et la philosophie*. Comme la superstition est fondée sur la crainte, le chagrin et l'abattement, elle peint l'homme à l'homme sous des couleurs si méprisables qu'il se juge lui-même indigne d'approcher la présence divine ; tout naturellement il s'adresse alors à telle personne qui par la sainteté de sa vie, ou parfois par son impudence et par ses artifices, passe pour plus favorisée de la Divinité. C'est à elle que l'esprit superstitieux confie ses dévotions ; c'est à ses soins qu'il recommande ses prières, ses requêtes et ses sacrifices. Par son intermédiaire, il espère faire agréer ses suppliques à la Divinité courroucée. Telle est l'origine des Prêtres [b] qu'on a quelque raison de regarder comme l'invention d'une superstition vile et craintive qui, toujours défiante d'elle-même, n'ose pas élever en offrande ses propres dévotions, mais qui, ignorante, croit se recommander auprès de la Divinité par la médiation de ceux qu'elle suppose être ses amis et ses ministres. Et comme la superstition entre pour une grande part dans presque toutes les religions, même les plus fanatiques, comme il n'y a que la philosophie qui soit capable de réduire entièrement ces terreurs inexplicables, on ne manque pas de trouver des prêtres dans presque toutes les sectes de religion, et en telle manière que plus il s'y mêle de superstition, plus s'accroît l'autorité du clergé [c].

6. De l'autre côté, on peut observer que tous les enthousiastes se sont gardés libres du joug ecclésiastique et n'ont cessé de montrer une grande indépendance

in their devotion, with a contempt of forms, ceremonies, and traditions. The *Quakers* are the most egregious, though, at the same time, the most innocent enthusiasts that have yet been known; and are perhaps the only sect that have never admitted priests among them. The *Independents*, of all the English sectaries, approach nearest to the *Quakers* in fanaticism, and in their freedom from priestly bondage. The *Presbyterians* follow after, at an equal distance, in both particulars. In short, this observation is founded in experience and will also appear to be founded in reason, if we consider that, as enthusiasm arises from a presumptuous pride and confidence, it thinks itself sufficiently qualified to *approach* the Divinity, without any human mediator. Its rapturous devotions are so fervent that it even imagines itself *actually* to *approach* him by the way of contemplation and inward converse; which makes it neglect all those outward ceremonies and observances, to which the assistance of the priests appears so requisite in the eyes of their superstitious votaries. The fanatic consecrates himself and bestows on his own person a sacred character, much superior to what forms and ceremonious institutions can confer on any other.

dans leurs dévotions, jointe à un mépris des formes, des cérémonies et des traditions. Les *Quakers* [1] sont les plus fameux et en même temps les plus innocents qu'on ait connus jusqu'ici. Ils forment peut-être la seule secte à n'avoir jamais admis de prêtres en leur sein. Les *Indépendants* [2] sont de tous les sectaires anglais ceux qui s'approchent le plus des *Quakers*, par leur fanatisme et par leur liberté envers le joug clérical. Les *Presbytériens* [3] viennent ensuite, à égale distance sur les deux points. Bref, cette observation est fondée sur l'expérience ; et on verra qu'elle l'est aussi sur la raison, si l'on considère que l'enthousiasme, étant produit par un orgueil et une confiance présomptueuse, s'estime assez qualifié pour *approcher* la Divinité, sans l'intercession d'un médiateur humain. Ses dévotions emportées sont si ferventes qu'il s'imagine même l'*approcher en effet* par la voie de la contemplation et d'un commerce intérieur, ce qui lui fait négliger toutes ces cérémonies et observances extérieures pour lesquelles l'assistance des prêtres paraît si indispensable aux yeux des dévots superstitieux. Le fanatique se consacre lui-même, il accorde à sa propre personne un caractère sacré qu'il croit bien supérieur à ce que les formes et les pratiques cérémonielles peuvent conférer à qui que ce soit d'autre.

1. Secte qui se constitue dans les années 1650, sous l'impulsion de George Fox et qui, rejetant toute autorité externe déterminée, s'en remet à la parole intérieure de Dieu.

2. Plus tard appelés *Congrégationalistes* et d'obédience calviniste, ils considéraient que chaque communauté forme une cellule autonome, libre de toute organisation civile ou religieuse. Ils jouèrent un grand rôle au moment de la Révolution et soutinrent Cromwell.

3. Église réformée de Grande-Bretagne, et plus particulièrement d'Écosse, s'étant développée au XVIᵉ siècle sous l'influence de Calvin, qui voulait revenir à une forme ecclésiale primitive et rejetait l'épiscopat. Les Presbytériens écossais se révoltèrent en 1640, quand Laud voulut leur imposer le cérémonial anglican.

7. My *second* reflection with regard to these species of false religion is, *that religions which partake of enthusiasm, are, on their first rise, more furious and violent than those which partake of superstition; but in a little time become more gentle and moderate.* The violence of this species of religion, when excited by novelty, and animated by opposition, appears from numberless instances; of the *Anabaptists* in Germany, the *Camisars* in France, the *Levellers*, and other fanatics in England, and the *Covenanters* in Scotland. Enthusiasm being founded on strong spirits, and a presumptuous boldness of character, it naturally begets the most extreme resolutions; especially after it rises to that height as to inspire the deluded fanatic with the opinion of divine illuminations, and with a contempt for the common rules of reason, morality, and prudence.

8. It is thus enthusiasm produces the most cruel disorders in human society; but its fury is like that of thunder and tempest, which exhaust themselves

7. Ma *seconde* réflexion sur ces sortes de fausse religion est que *les religions qui participent de l'enthousiasme sont, dans leurs premiers développements, beaucoup plus furieuses et violentes que celles qui participent de la superstition, mais qu'en peu de temps elles se font plus douces et plus modérées.* De la violence de cette sorte de religion, quand elle est enflammée par la nouveauté et aiguillonnée par l'opposition, nous avons des exemples sans nombre : les *Anabaptistes* en Allemagne [1], les *Camisards* en France [2], les *Niveleurs* et les autres fanatiques en Angleterre [3], les *Covenantaires* en Écosse [4]. L'enthousiasme étant fondé sur un naturel ardent et sur un caractère présomptueux et hardi, il engendre promptement les plus extrêmes résolutions, surtout lorsqu'il parvient à inspirer au fanatique qui s'en abuse, l'idée qu'il est l'objet d'illuminations divines, idée qui est jointe au mépris des règles communes de la raison, de la moralité et de la prudence.

8. C'est ainsi que l'enthousiasme produit les plus cruels désordres dans la société humaine ; mais sa fureur est comme celle de la foudre et de la tempête qui s'épuisent

1. Secte qui se forma en Allemagne aux premiers temps de la Réforme et qui se caractérisait par son refus d'accorder une valeur quelconque au baptême des enfants en bas âge. Par ses aspects sociaux et politiques, elle fut à l'origine de plusieurs soulèvements populaires et égalitaristes (notamment celui de Thomas Münzer), auxquels Luther s'opposa.

2. Mouvement né dans les Cévennes en 1702, des suites de la révocation de l'Edit de Nantes. Après l'échec de l'insurrection, un certain nombre de Camisards émigrèrent en Angleterre.

3. Le mouvement des *Levellers*, issu du milieu indépendant vers 1645, forma un parti radical et égalitaire pendant la Rébellion et la République. Il finit par s'opposer à Cromwell.

4. Ce nom fut donné au XVIIe siècle à ceux qui, principalement presbytériens, s'opposèrent en Écosse aux tentatives d'absolutisme de Charles Ier, par le *Covenant* de 1638. Après le rétablissement de l'épiscopat en 1662, ils s'opposèrent vainement à Charles II.

in a little time, and leave the air more calm and serene than before. When the first fire of enthusiasm is spent, men naturally, in all fanatical sects, sink into the greatest remissness and coolness in sacred matters; there being no body of men among them endowed with sufficient authority, whose interest is concerned to support the religious spirit; no rites, no ceremonies, no holy observances, which may enter into the common train of life, and preserve the sacred principles from oblivion. Superstition, on the contrary, steals in gradually and insensibly, renders men tame and submissive, is acceptable to the magistrate and seems inoffensive to the people; till at last the priest, having firmly established his authority, becomes the tyrant and disturber of human society, by his endless contentions, persecutions, and religious wars. How smoothly did the Romish church advance in her acquisition of power! But into what dismal convulsions did she throw all Europe, in order to maintain it! On the other hand, our sectaries, who were formerly such dangerous bigots, are now become very free reasoners; and the *Quakers* seem to approach nearly the only regular body of *Deists* in the universe, the *literati* or the disciples of Confucius in China. *

9. My *third* observation on this head is, *that superstition is an enemy to civil liberty, and enthusiasm a friend to it.* As superstition groans under the dominion of priests, and enthusiasm is destructive of all ecclesiastical power, this sufficiently accounts for the present observation. Not to

---

* The Chinese literati have no priests or ecclesiastical establishment.

en peu de temps et laissent le ciel plus calme et plus serein qu'auparavant. Quand le premier feu de l'enthousiasme s'est consumé, il n'est pas de secte fanatique où chacun ne revienne naturellement à la plus grande insouciance et même à la plus grande froideur envers les choses sacrées, car il ne s'y trouve aucun corps d'hommes, doués d'une autorité suffisante, dont l'intérêt soit d'entretenir la ferveur religieuse : point de rites, ni de cérémonies ni de pieuses observances susceptibles de s'introduire dans le cours ordinaire de la vie et de prévenir de l'oubli les principes sacrés. La superstition au contraire s'insinue peu à peu et insensiblement ; elle dompte les esprits et les rend dociles ; elle se fait accepter des magistrats et paraît inoffensive au peuple ; jusqu'au moment où ayant affermi leur autorité les prêtres se font les tyrans de la société humaine, la perturbant sans fin par leurs disputes, leurs persécutions, leurs guerres religieuses. Avec quelle douceur l'église romaine a-t-elle progressé dans sa conquête du pouvoir ! Mais dans quels troubles affreux a-t-elle jeté toute l'Europe afin de le conserver ! Au lieu que nos sectaires, qui furent d'abord de si dangereux bigots, sont maintenant devenus de très libres penseurs ; et les *Quakers* semblent proches du seul groupe régulier de *déistes* qu'il y ait dans l'univers, les *Lettrés* qui sont en Chine les disciples de Confucius *.

9. Ma *troisième* observation sur ce point est que *la superstition est l'ennemi de la liberté civile, alors que l'enthousiasme lui est favorable*. La superstition gémit sous la domination des prêtres, mais l'enthousiasme anéantit tout pouvoir ecclésiastique : voilà qui suffit à justifier la présente observation. Et il n'est pas nécessaire

---

* Les *Literati* chinois n'avaient ni prêtres ni organisation ecclésiale [*Cette note est absente dans les éditions 1748 et 1753-54.*].

mention that enthusiasm, being the infirmity of bold and ambitious tempers, is naturally accompanied with a spirit of liberty, as superstition, on the contrary, renders men tame and abject, and fits them for slavery. We learn from English history that, during the civil wars, the *Independents* and *Deists*, though the most opposite in their religious principles, yet were united in their political ones, and were alike passionate for a commonwealth. And since the origin of *Whig* and *Tory*, the leaders of the *Whigs* have either been *Deists* or professed *Latitudinarians* in their principles; that is, friends to toleration, and indifferent to any particular sect of *Christians*; while the sectaries, who have all a strong tincture of enthusiasm, have always, without exception, concurred with that party in defence of civil liberty. The resemblance in their superstitions long united the High-Church *Tories* and the *Roman Catholics*, in support of prerogative and kingly power, though experience of the tolerating spirit of the *Whigs* seems of late to have reconciled the *Catholics* to that party.

10. The *Molinists* and *Jansenists* in France have a thousand unintelligible disputes, which are not worthy the reflection of a man of sense; but what principally distinguishes these two sects, and alone merits attention, is the different spirit of their religion. The *Molinists*, conducted by the *Jesuits*, are great friends to superstition, rigid observers of external forms and ceremonies, and devoted to the authority of the priests, and to tradition. The *Jansenists* are enthusiasts, and zealous promoters of the passionate devotion, and of the inward life,

d'ajouter que l'enthousiasme, qui est l'infirmité des tempéraments hardis et ambitieux, s'accompagne naturellement d'un esprit de liberté, alors que la superstition rend les hommes dociles, les avilit et les prépare à la servitude. L'histoire anglaise nous apprend que durant les guerres civiles les *Indépendants* et les *Déistes*, malgré la différence extrême de leurs principes religieux, s'unirent cependant dans leurs principes politiques et agirent avec la même passion en faveur d'une république. Depuis l'origine du parti *Whig* et du parti *Tory*, les chefs des *Whigs* se sont montrés dans leurs principes des *Déistes* ou des *Latitudinaires* déclarés, amis de la tolérance, indifférents à toute secte *chrétienne* particulière ; pour leur part, les sectaires qui ont une forte teinte d'enthousiasme se sont, toujours, sans exception accordés avec ce parti pour la défense de la liberté civile. Au contraire, les *Tories* de la Haute Église et les *Catholiques romains* ont été longtemps réunis par la similitude de leurs superstitions dans le même appui apporté à la prérogative et au pouvoir royal ; bien que depuis peu, ayant fait l'expérience de l'esprit de tolérance des *Whigs*, les *Catholiques* semblent s'être réconciliés avec ce parti.

10. Les *Molinistes* et les *Jansénistes* en France entretiennent mille disputes inintelligibles, indignes de l'attention d'un homme sensé. Mais ce qui distingue principalement ces deux sectes, et mérite seul d'être remarqué, c'est l'esprit différent de leurs religions. Les *Molinistes* qui sont conduits par les *Jésuites* sont de fermes partisans de la superstition, de rigides observateurs des formes extérieures et des cérémonies ; et ils sont dévoués à l'autorité des prêtres et à la tradition. Les *Jansénistes* au contraire, qui sont des enthousiastes, sont les instigateurs zélés d'une dévotion passionnée et les défenseurs de la vie intérieure ;

little influenced by authority, and, in a word, but half Catholics. The consequences are exactly conformable to the foregoing reasoning. The *Jesuits* are the tyrants of the people, and the slaves of the court; and the *Jansenists* preserve alive the small sparks of the love of liberty which are to be found in the French nation.

ils sont peu influencés par l'autorité ; en un mot, ils ne sont qu'à demi catholiques. Les conséquences sont exactement conformes au raisonnement précédent. Les *Jésuites* sont les tyrans du peuple et les esclaves de la Cour ; les *Jansénistes* entretiennent la modeste flamme qui de l'amour de la liberté subsiste encore dans la nation française.

SUPERSTITION ET ENTHOUSIASME

Notes

a. *Les éditions de 1741 et 1742 écrivent ce paragraphe et les trois suivants de la manière suivante :*

Ma première réflexion est que *les religions qui participent de l'enthousiasme sont, dans leurs premiers développements, beaucoup plus furieuses et violentes que celles qui participent de la superstition, mais qu'en peu de temps elles se font plus douces et plus modérées.* De la violence de cette sorte de religion, quand elle est enflammée par la nouveauté et aiguillonnée par l'opposition, nous avons des exemples sans nombre : les *Anabaptistes* en Allemagne, les *Camisards* en France, les *Niveleurs* et les autres fanatiques en Angleterre, les *Covenantaires* en Ecosse. L'enthousiasme étant fondé sur un naturel ardent et sur un caractère présomptueux et hardi, il engendre promptement les plus extrêmes résolutions, surtout lorsqu'il parvient à inspirer au fanatique qui s'en abuse, l'idée qu'il est l'objet d'illuminations divines, idée qui est jointe au mépris des règles communes de la raison, de la moralité et de la prudence.

C'est ainsi que l'enthousiasme produit les plus cruels désordres dans la société humaine ; mais sa fureur est comme celle de la foudre et de la tempête qui s'épuisent en peu de temps et laissent le ciel plus calme et plus serein qu'auparavant. Pour rendre raison de ce phénomène, il suffit de comparer l'enthousiasme à la superstition qui est l'autre espèce de fausse religion, et de tirer les conséquences naturelles de chacune. Comme la superstition est fondée sur la crainte, le chagrin et l'abattement, elle peint l'homme à l'homme sous des couleurs si méprisables qu'il se juge lui-même indigne d'approcher la présence divine ; tout naturellement il s'adresse alors à telle personne qui par la sainteté de sa vie, ou parfois par son impudence et par ses artifices, passe pour plus favorisée de la Divinité. C'est à elle que l'esprit superstitieux confie ses dévotions ; c'est à ses soins qu'il recommande ses prières, ses requêtes et ses sacrifices. Par son intermédiaire, il espère faire agréer ses suppliques à la Divinité courroucée. Telle est l'origine des *Prêtres* qu'on a quelque raison de regarder comme l'invention d'une superstition vile et craintive qui, toujours défiante d'elle-même, n'ose pas élever en offrande ses propres dévotions, mais qui, ignorante, croit se recommander auprès de la Divinité par la médiation de ceux qu'elle suppose être ses amis et ses ministres. Et comme la superstition entre pour une grande part dans presque toutes les religions, même les plus fanatiques, comme il n'y a que la philosophie qui soit capable de réduire entièrement ces terreurs inexplicables, on ne manque pas de trouver des prêtres dans presque toutes les sectes de religion, et en telle manière que plus il s'y mêle de superstition, plus s'accroît l'autorité du clergé. Le judaïsme moderne et surtout le papisme, étant les superstitions les plus absurdes et les moins philosophiques qui aient jamais été connues dans le monde, sont celles qui sont les plus asservies aux prêtres. Comme l'Eglise d'Angleterre peut être justement accusée de conserver quelque part de la superstition papiste, elle tire de sa constitution primitive une forte propension au pouvoir et à la domination cléricale, notamment dans le respect qu'elle exige du caractère sacerdotal. Et bien que la doctrine de cette Eglise veuille que les prières du prêtre soient accompagnées de celles des laïcs, cependant c'est lui la voix de la congrégation ; sa personne est sacrée et sans sa présence bien peu croiraient que leurs dévotions publiques, leurs sacrements ou leurs autres rites, fussent acceptables à la Divinité.

De l'autre côté, on peut observer que tous les enthousiastes se sont gardés libres du joug ecclésiastique et n'ont cessé de montrer une grande indépendance dans leurs dévotions, jointe à un mépris des formes, des cérémonies et des traditions. Les *Quakers* sont les plus fameux et en même temps les plus innocents qu'on ait connus jusqu'ici. Ils forment peut-être la seule secte à n'avoir jamais admis de prêtres en leur sein. Les *Indépendants* sont de tous les sectaires anglais ceux qui s'approchent le plus des *Quakers*, par leur fanatisme et par leur liberté envers le joug clérical. Les *Presbytériens* viennent ensuite, à égale distance sur les deux points. Bref, cette observation est fondée sur l'expérience ; et on verra qu'elle l'est aussi sur la raison, si l'on considère que l'enthousiasme, étant produit par un orgueil et une confiance présomptueuse, s'estime assez qualifié pour *approcher* la Divinité, sans l'intercession d'un médiateur humain. Ses dévotions emportées sont si ferventes qu'il s'imagine même l'*approcher en effet* par la voie de la contemplation et d'un commerce intérieur, ce qui lui fait négliger toutes ces cérémonies et observances extérieures pour lesquelles l'assistance des prêtres paraît si indispensable aux yeux des dévôts superstitieux. Le fanatique se consacre lui-même, il accorde à sa propre personne un caractère sacré qu'il croit bien supérieur à ce que les formes et les pratiques cérémonielles peuvent conférer à qui que ce soit d'autre.

C'est donc une règle infaillible que la superstition favorise le pouvoir des prêtres, alors que l'enthousiasme s'y oppose autant et même plus que la saine raison et la philosophie. Les conséquences sont évidentes. Quand le premier feu de l'enthousiasme s'est consumé, il n'est pas de secte fanatique où chacun ne revienne naturellement à la plus grande insouciance et même à la plus grande froideur envers les choses sacrées, car il ne s'y trouve aucun corps d'hommes, doués d'une autorité suffisante, dont l'intérêt soit d'entretenir la ferveur religieuse : point de rites, ni de cérémonies ni de pieuses observances susceptibles de s'introduire dans le cours ordinaire de la vie et de prévenir l'oubli des principes sacrés. La superstition au contraire s'insinue peu à peu et insensiblement ; elle dompte les esprits et les rend dociles ; elle se fait accepter des magistrats et paraît inoffensive pour le peuple ; jusqu'au moment où les prêtres, ayant affermi leur autorité, se font les tyrans de la société humaine, la perturbant sans fin par leurs disputes, leurs persécutions, leurs guerres religieuses. Avec quelle douceur l'église romaine a-t-elle progressé dans sa conquête du pouvoir ! Mais dans quels troubles affreux a-t-elle jeté toute l'Europe afin de le conserver ! Au lieu que nos sectaires, qui furent d'abord de si dangereux bigots, sont maintenant devenus de très libres penseurs ; et les *Quakers* sont peut-être le seul groupe régulier de *déistes* qu'il y ait dans l'univers, si l'on excepte les *Lettrés* qui sont en Chine les disciples de Confucius.

b. *Les éditions jusqu'en 1760 comportent la note suivante* :
Par *Prêtres* je n'entends que ceux qui prétendent au pouvoir et à la domination, ainsi qu'à une sainteté de caractère qui serait supérieure à celle qui vient de la vertu et d'une bonne moralité. Ces prêtres sont très différents des *Clergymen*, personnes établies par les lois pour veiller à l'administration des choses sacrées et pour diriger nos dévotions publiques dans l'ordre et la décence. Il n'y a point de groupe d'hommes plus respectable que celui-là.

c. *Les éditions de 1748 à 1768 poursuivent en reprenant jusqu'au bout le paragraphe correspondant des éditions de 1741 et 1742 (voir ci-dessus, 2e §).*
Le judaïsme moderne et surtout le papisme, étant les superstitions les plus absurdes et les moins philosophiques qui aient jamais été connues dans le monde, sont celles qui sont les plus asservies aux prêtres. Comme l'Église d'Angleterre peut être justement accusée de conserver quelque part de la superstition papiste, elle tire de sa constitution primitive une forte propension au pouvoir et à la domination cléricale, notamment dans le respect qu'elle exige du caractère sacerdotal. Et bien que la doctrine de cette Église veuille que les prières du prêtre soient accompagnées de celles des laïcs, cependant c'est lui la voix de la congrégation ; sa personne est sacrée et sans sa présence bien peu croiraient que leurs dévotions publiques, leurs sacrements ou leurs autres rites, fussent acceptables à la Divinité.

THE NATURAL HISTORY OF RELIGION

INTRODUCTION

As every enquiry, which regards religion, is of the utmost importance, there are two questions in particular, which challenge our attention, to wit, that concerning its foundation in reason, and that concerning its origin in human nature. Happily, the first question, which is the most important, admits of the most obvious, at least, the clearest solution. The whole frame of nature bespeaks an intelligent author; and no rational enquirer can, after serious reflection, suspend his belief a moment with regard to the primary principles of genuine theism and religion. But the other question, concerning the origin of religion in human nature, is exposed to some more difficulty. The belief of invisible, intelligent power has been very generally diffused over the human race, in all places and in all ages; but it has neither perhaps been so universal as to admit of no exception, nor has it been, in any degree, uniform in the ideas, which it has suggested. Some nations have been discovered, who entertained no sentiments of religion, if travellers and historians may be credited; and no two nations, and scarce any two men, have ever agreed precisely in the same sentiments. It would appear, therefore, that this preconception springs not from an original instinct or primary

L'HISTOIRE NATURELLE DE LA RELIGION

INTRODUCTION

Toute enquête qui porte sur la religion étant de la plus haute importance, il y a deux questions surtout qui retiennent notre attention, celle qui concerne son fondement dans la raison et celle qui concerne son origine dans la nature humaine. Heureusement, la première question, qui est la plus importante, reçoit la plus évidente ou du moins la plus claire des solutions. L'entier agencement de la nature témoigne d'un auteur intelligent ; et nul qui se livre à une enquête rationnelle ne peut un seul instant, s'il a réfléchi sérieusement, suspendre sa croyance en faveur des premiers principes du pur théisme et de la pure religion. Mais l'autre question, qui concerne l'origine de la religion dans la nature humaine, est sujette à plus de difficulté. La croyance en une puissance intelligente et invisible a été très largement répandue dans le genre humain, en tout lieu et en tout temps ; mais elle n'a peut-être pas été si universelle qu'elle n'ait souffert aucune exception ; et elle a été rien moins qu'uniforme dans les idées qu'elle a fait naître. On a découvert des nations qui n'entretenaient pas de sentiments de religion, si l'on en croit les voyageurs et les historiens ; et il n'y a pas deux nations, il n'y a guère deux hommes à s'être accordés exactement dans les mêmes sentiments. Il semblerait donc que cette préconception ne jaillisse pas d'un instinct originel ou d'une première

impression of nature, such as gives rise to self-love, affection between the sexes, love of progeny, gratitude, resentment; since every instinct of this kind has been found absolutely universal in all nations and ages, and has always a precise determinate object, which it inflexibly pursues. The first religious principles must be secondary; such as may easily be perverted by various accidents and causes, and whose operation too, in some cases, may, by an extraordinary concurrence of circumstances, be altogether prevented. What those principles are, which give rise to the original belief, and what those accidents and causes are, which direct its operation, is the subject of our present enquiry.

Section I.
That polytheism was the primary religion of men

1. It appears to me, that, if we consider the improvement of human society, from rude beginnings to a state of greater perfection, polytheism or idolatry was, and necessarily must have been, the first and most ancient religion of mankind. This opinion I shall endeavour to confirm by the following arguments.

2. It is a matter of fact incontestable, that about 1700 years ago all mankind were polytheists. The doubtful and sceptical principles of a few philosophers, or the theism, and that too not entirely pure, of one or two nations, form no objection worth regarding.

impression de la nature semblable à celle qui donne naissance à l'amour de soi, à l'affection entre les sexes, à l'amour des enfants, à la gratitude ou au ressentiment ; car tout instinct de cette sorte se trouve absolument partout dans toutes les nations et à tous les âges, et se rapporte toujours à un objet précis et déterminé qu'il poursuit invariablement. Les premiers principes de religion doivent être secondaires et tels que des accidents et des causes variées puissent aisément les corrompre et qu'un concours extraordinaire de circonstances réussisse, dans certains cas, à empêcher totalement leur opération. Quels sont ces principes qui donnent naissance à la croyance primitive et quels sont ces accidents et ces causes qui dirigent son opération, tel est le sujet de notre étude.

I. QUE LE POLYTHÉISME
FUT LA PREMIÈRE RELIGION DE L'HUMANITÉ

1. Considérons les progrès de la société humaine, de ses débuts grossiers à un état de plus grande perfection : il m'apparaît que le polythéisme ou l'idolâtrie fut ou a dû être la première et la plus ancienne religion des hommes. Cette opinion, je me propose de la confirmer par les arguments suivants.

2. C'est un fait incontestable qu'il y a 1700 ans environ tous les hommes étaient polythéistes [1]. Les principes incertains et sceptiques de quelques philosophes, le théisme d'une ou deux nations, théisme qui n'était pas non plus entièrement pur, ne constituent pas une objection sérieuse.

---

1. *Les éditions de 1757 à 1770, ici et dans toutes les occurrences qui suivent dans cette section, disent* : idolâtres *ou* : idolâtrie, *à la place de* : polythéistes *ou* : polythéisme.

Behold then the clear testimony of history. The farther we mount up into antiquity, the more do we find mankind plunged into polytheism. No marks, no symptoms of any more perfect religion. The most ancient records of human race still present us with that system as the popular and established creed. The north, the south, the east, the west, give their unanimous testimony to the same fact. What can be opposed to so full an evidence?

3. As far as writing or history reaches, mankind, in ancient times, appear universally to have been polytheists. Shall we assert that, in more ancient times, before the knowledge of letters, or the discovery of any art or science, men entertained the principles of pure theism? That is, while they were ignorant and barbarous, they discovered truth, but fell into error, as soon as they acquired learning and politeness.

4. But in this assertion you not only contradict all appearance of probability, but also our present experience concerning the principles and opinions of barbarous nations. The savage tribes of America, Africa, and Asia are all idolaters. Not a single exception to this rule. Insomuch, that, were a traveller to transport himself into any unknown region; if he found inhabitants cultivated with arts and science, though even upon that supposition there are odds against their being theists, yet could he not safely, till farther inquiry, pronounce any thing on that head ; but if he found them ignorant and barbarous, he might beforehand declare them idolaters; and there scarcely is a possibility of his being mistaken.

5. It seems certain, that, according to the natural progress of human thought, the ignorant multitude must first entertain some groveling and familiar notion of superior powers,

Examinez donc le clair témoignage de l'histoire. Plus nous remontons dans l'antiquité et plus les hommes nous apparaissent plongés dans le polythéisme. Nulle trace, nul symptôme d'une religion plus parfaite. Les plus anciens registres de l'espèce humaine nous présentent toujours ce système comme la croyance[1] établie et populaire. Le nord, le sud, l'est et l'ouest, attestent unanimement du même fait. Comment résister à une preuve aussi entière ?

3. Aussi loin que l'écriture ou l'histoire remonte, il apparaît par un témoignage universel que dans les temps anciens les hommes furent polythéistes. Affirmerons-nous que dans des temps plus anciens encore, avant la connaissance des lettres ou la découverte des arts et des sciences, les hommes nourrirent les principes du pur théisme ? C'est-à-dire que, ignorants et barbares, ils découvrirent la vérité, mais qu'ils tombèrent dans l'erreur dès qu'ils commencèrent à s'instruire et à se polir ?

4. Mais affirmant cela vous contredisez non seulement toute apparence de probabilité, mais aussi notre présente expérience des principes et des opinions des nations barbares. Les tribus sauvages de l'Amérique, de l'Afrique et de l'Asie sont toutes idolâtres. Il n'y a pas d'exception à cette règle. Supposez ainsi qu'un voyageur se rende dans un pays inconnu et qu'il y trouve des habitants instruits des arts et des sciences : cela ne lui prouve pas encore qu'ils soient théistes, mais il ne saurait se prononcer sûrement sur ce point, sans davantage d'examen ; et s'ils les trouve ignorants et barbares, alors il peut d'avance, sans grand risque de se tromper, les déclarer idolâtres.

5. Il semble certain qu'en vertu du progrès naturel de la pensée humaine, la multitude ignorante doit d'abord se faire une notion vile et familière des puissances supérieures,

---

1. *Les éditions de 1757 à 1770 disent* : système.

before they stretch their conception to that perfect Being, who bestowed order on the whole frame of nature. We may as reasonably imagine that men inhabited palaces before huts and cottages, or studied geometry before agriculture; as assert that the Deity appeared to them a pure spirit, omniscient, omnipotent, and omnipresent, before he was apprehended to be a powerful, though limited being, with human passions and appetites, limbs and organs. The mind rises gradually, from inferior to superior : by abstracting from what is imperfect, it forms an idea of perfection and, slowly distinguishing the nobler parts of its own frame from the grosser, it learns to transfer only the former, much elevated and refined, to its divinity. Nothing could disturb this natural progress of thought, but some obvious and invincible argument, which might immediately lead the mind into the pure principles of theism, and make it overleap, at one bound, the vast interval which is interposed between the human and the divine nature. But though I allow that the order and frame of the universe, when accurately examined, affords such an argument, yet I can never think that this consideration could have an influence on mankind, when they formed their first rude notions of religion.

6. The causes of such objects, as are quite familiar to us, never strike our attention or curiosity; and however extraordinary or surprising these objects in themselves, they are passed over by the raw and ignorant multitude, without much examination or enquiry. Adam, rising at once, in paradise, and in the full perfection of his faculties,

avant d'élargir sa compréhension à cet Être parfait qui a conféré l'ordre à l'entier agencement de la nature. Il y aurait autant de raison à imaginer que les hommes habitèrent des palais avant d'habiter des huttes et des cabanes, ou étudièrent la géométrie avant l'agriculture, qu'à affirmer qu'ils saisirent la Divinité sous la forme d'un pur esprit, omniscient, omnipotent et omniprésent, avant de l'appré-hender comme un être puissant, quoique limité, doué des passions et des appétits, des membres et des organes des hommes. L'esprit s'élève progressivement de ce qui est inférieur à ce qui est supérieur ; par abstraction, il se forme à partir de l'imparfait une idée de la perfection ; et, distinguant peu à peu les parties nobles des parties grossières de sa propre constitution, il apprend à n'attribuer à la Divinité que les premières, qu'il a portées à plus de hauteur et de pureté. Rien ne pourrait troubler ce progrès naturel de la pensée, sauf un argument évident et irrésistible, capable de conduire immédiatement l'esprit aux purs principes du théisme et de lui faire parcourir d'un bond ce vaste intervalle qui sépare la nature humaine de la nature divine. J'avoue volontiers que l'ordre et l'agencement de l'univers, soigneusement examinés, apportent un tel argument ; toutefois je ne penserai jamais que cette consi-dération ait pu avoir de l'influence sur les hommes, tandis qu'ils formaient leurs premières et grossières notions de religion.

6. Les causes des objets qui nous sont très familiers ne frappent jamais notre attention ni ne retiennent notre curiosité ; et quelque extraordinaires ou surprenants que soient ces objets par eux-mêmes, ils sont ignorés de la multitude grossière et ignorante qui ne s'attarde pas à les examiner et à les étudier. Adam, se dressant tout à coup au paradis, dans la pleine perfection de ses facultés,

would naturally, as represented by Milton, be astonished at the glorious appearances of nature, the heavens, the air, the earth, his own organs and members; and would be led to ask, whence this wonderful scene arose. But a barbarous, necessitous animal (such as a man is on the first origin of society), pressed by such numerous wants and passions, has no leisure to admire the regular face of nature, or make enquiries concerning the cause of those objects to which from his infancy he has been gradually accustomed. On the contrary, the more regular and uniform, that is, the more perfect nature appears, the more is he familiarized to it, and the less inclined to scrutinize and examine it. A monstrous birth excites his curiosity, and is deemed a prodigy. It alarms him from its novelty; and immediately sets him a trembling, and sacrificing, and praying. But an animal, compleat in all its limbs and organs, is to him an ordinary spectacle, and produces no religious opinion or affection. Ask him whence that animal arose; he will tell you, from the copulation of its parents. And these, whence? From the copulation of theirs. A few removes satisfy his curiosity, and set the objects at such a distance that he entirely loses sight of them. Imagine not that he will so much as start the question, whence the first animal; much less, whence the whole system or united fabric of the universe arose. Or, if you start such a question to him, expect not that he will employ his mind with any anxiety about a subject, so remote, so uninteresting, and which so much exceeds the bounds of his capacity.

7. But farther, if men were at first led into the belief of one Supreme Being, by reasoning from the frame of nature, they could never possibly leave that belief, in order to

s'étonnerait naturellement, c'est ainsi que le peint Milton, des glorieuses apparences de la nature, des cieux, de l'air, de la terre, de ses propres organes, de ses membres ; et il serait conduit à s'interroger sur l'origine de ce merveilleux spectacle. Mais un animal barbare et nécessiteux (tel que l'homme à la première origine de la société), pressé par tant de besoins et de passions, n'a pas le loisir d'admirer l'aspect régulier de la nature ni de s'enquérir sur les causes de ces objets auxquels il s'est peu à peu accoutumé depuis l'enfance. Au contraire, plus la nature paraît uniforme et régulière, c'est-à-dire parfaite, plus il en est familier et moins il est porté à la soumettre à un examen attentif. Une naissance monstrueuse excite sa curiosité, il en fait un prodige. Elle l'alarme par sa nouveauté ; le voici, tout tremblant, prêt à sacrifier et à prier. Mais un animal bien complet, avec tous ses membres et ses organes, lui est un spectacle ordinaire qui ne suscite en lui ni opinion ni sentiment religieux. Demandez-lui d'où cet animal est né ; il vous répondra : de l'accouplement de ses parents. Et ceux-ci ? De l'accouplement des leurs. Remontez de quelques degrés et c'est assez pour sa curiosité ; les objets sont portés à une telle distance qu'il les perd entièrement de vue. N'imaginez pas qu'il ira poser la question : d'où est né le premier animal ? Et encore moins : d'où est né tout le système de l'univers, d'où vient l'unité de sa structure ? Ou, si vous soulevez une telle question, n'attendez pas qu'il tourmente son esprit sur un sujet aussi éloigné, aussi dépourvu d'intérêt et qui excède si largement les limites de ses capacités.

7. En outre, à supposer que les hommes fussent d'abord conduits à la croyance en un Être Supérieur par des raisonnements tirés de l'agencement de la nature, jamais ils ne pourraient quitter cette croyance pour se jeter dans

embrace polytheism; but the same principles of reason, which at first produced and diffused over mankind, so magnificent an opinion, must be able, with greater facility, to preserve it. The first invention and proof of any doctrine is much more difficult than the supporting and retaining of it.

8. There is a great difference between historical facts and speculative opinions; nor is the knowledge of the one propagated in the same manner with that of the other. An historical fact, while it passes by oral tradition from eye-witnesses and contemporaries, is disguised in every successive narration and may at last retain but very small, if any, resemblance of the original truth, on which it was founded. The frail memories of men, their love of exaggeration, their supine carelessness : these principles, if not corrected by books and writing, soon pervert the account of historical events; where argument or reasoning has little or no place, nor can ever recal the truth, which has once escaped those narrations. It is thus the fables of Hercules, Theseus, Bacchus are supposed to have been originally founded in true history, corrupted by tradition. But with regard to speculative opinions, the case is far otherwise. If these opinions be founded on arguments so clear and obvious as to carry conviction with the generality of mankind, the same arguments, which at first diffused the opinions, will still preserve them in their original purity. If the arguments be more abstruse, and more remote from vulgar apprehension, the opinions will always be confined

le polythéisme ; les mêmes principes de la raison qui auraient d'abord produit et répandu parmi les hommes une opinion si magnifique, devraient pouvoir la conserver avec moins de peine. Il est bien plus difficile d'inventer et de prouver pour la première fois une doctrine que de la défendre et de la maintenir.

8. Il y a une grande différence entre les faits historiques et les opinions spéculatives ; et la connaissance des uns ne se propage pas de la même façon que la connaissance des autres. Un fait historique, en se transmettant par tradition orale, à partir des témoins oculaires et de leurs contemporains, se déforme à chaque nouvelle narration, et peut ne conserver à la fin qu'une très faible ressemblance, et même aucune, avec la vérité primitive sur laquelle il reposait. La mémoire fragile des hommes, leur goût pour l'exagération, leur nonchalante négligence, tous ces principes, s'ils ne sont point corrigés par le livre et l'écriture, altèrent rapidement le récit qui est donné de l'événement historique ; arguments et raisonnements n'y ont guère de place, s'ils en ont une, et on ne peut attendre d'eux qu'ils reconduisent à la vérité, une fois qu'elle s'est perdue au fil de ces narrations. C'est ainsi qu'on suppose que les fables d'*Hercule*, de *Thésée* ou de *Bacchus* furent à l'origine fondées sur une histoire véritable qui fut ensuite corrompue par la tradition. Mais il en va tout autrement des opinions spéculatives. Si ces opinions sont fondées sur des arguments qui sont assez clairs et probants pour emporter la conviction chez la plupart des hommes, ces mêmes arguments qui auront d'abord servi à répandre lesdites opinions, les conserveront ensuite dans leur pureté primitive. Si ces arguments sont plus abstrus, s'ils s'éloignent davantage de la compréhension du vulgaire, alors les opinions ne toucheront jamais

to a few persons; and as soon as men leave the contemplation of the arguments, the opinions will immediately be lost and be buried in oblivion. Whichever side of this dilemma we take, it must appear impossible that theism could, from reasoning, have been the primary religion of human race, and have afterwards, by its corruption, given birth to polytheism and to all the various superstitions of the heathen world. Reason, when obvious, prevents these corruptions; when abstruse, it keeps the principles entirely from the knowledge of the vulgar, who are alone liable to corrupt any principle or opinion.

SECTION II.
ORIGIN OF POLYTHEISM

1. If we would, therefore, indulge our curiosity, in enquiring concerning the origin of religion, we must turn our thoughts towards polytheism, the primitive religion of uninstructed mankind.

2. Were men led into the apprehension of invisible, intelligent power by a contemplation of the works of nature, they could never possibly entertain any conception but of one single being, who bestowed existence and order on this vast machine and adjusted all its parts, according to one regular plan or connected system. For though, to persons of a certain turn of mind, it may not appear altogether absurd that several independent beings, endowed with superior wisdom, might conspire in the contrivance and execution of one regular plan; yet is this a merely arbitrary supposition, which, even if allowed possible, must be confessed neither to be supported by probability nor necessity. All things in the universe are evidently of a piece.

qu'un petit nombre ; et elles se perdront et tomberont dans l'oubli, dès qu'on cessera de considérer les arguments qui les supportent. De quelque côté qu'on prenne ce dilemme, il apparaît impossible que le théisme ait pu être par raisonnement la religion primitive du genre humain et qu'il ait ensuite, par sa corruption, donné naissance au polythéisme et à toutes les diverses superstitions du monde païen. La raison, quand elle est claire, prévient ces corruptions ; quand elle est abstruse, elle tient ces principes hors de la connaissance du commun, qui est le seul à pouvoir corrompre un principe ou une opinion.

II. ORIGINE DU POLYTHÉISME

1. Si donc nous voulons satisfaire notre curiosité, dans notre enquête sur l'origine de la religion, il nous faut tourner notre pensée vers le polythéisme, la religion primitive de l'humanité inculte.

2. Si les hommes étaient conduits à appréhender une puissance invisible et intelligente par la seule contemplation des œuvres de la nature, jamais ils ne pourraient entretenir d'autre conception que celle d'un être unique, ayant dispensé existence et ordre à cette vaste machine et ayant ajusté toutes ses parties selon un plan régulier ou un système organisé. Car, bien qu'à des personnes d'un certain tour d'esprit il puisse n'apparaître pas totalement absurde que plusieurs êtres indépendants les uns des autres, et doués d'une sagesse supérieure, eussent pu concerter un tel plan régulier et l'exécuter en commun, il faut avouer cependant qu'une telle supposition est purement arbitraire et que, même si on la reconnaît possible, elle n'est établie ni soutenue par aucune probabilité ou nécessité. Toutes les choses de l'univers sont manifestement d'une pièce.

Every thing is adjusted to every thing. One design prevails throughout the whole. And this uniformity leads the mind to acknowledge one author, because the conception of different authors, without any distinction of attributes or operations, serves only to give perplexity to the imagination, without bestowing any satisfaction on the understanding. The statue of Laocoon, as we learn from Pliny, was the work of three artists; but it is certain that, were we not told so, we should never have imagined, that a groupe of figures, cut from one stone, and united in one plan, was not the work and contrivance of one statuary. To ascribe any single effect to the combination of several causes is not surely a natural and obvious supposition.

3. On the other hand, if, leaving the works of nature, we trace the footsteps of invisible power in the various and contrary events of human life, we are necessarily led into polytheism and to the acknowledgment of several limited and imperfect deities. Storms and tempests ruin what is nourished by the sun. The sun destroys what is fostered by the moisture of dews and rains. War may be favourable to a nation, whom the inclemency of the seasons afflicts with famine. Sickness and pestilence may depopulate a kingdom, amidst the most profuse plenty. The same nation is not, at the same time, equally successful by sea and by land. And a nation, which now triumphs over its enemies, may anon submit to their more prosperous arms. In short, the conduct of events, or what we call the plan of a particular providence, is so full of variety and uncertainty that, if we suppose it immediately ordered

Tout est ajusté à tout. Un dessein règne à travers l'ensemble. Et cette uniformité conduit l'esprit à reconnaître un auteur unique ; car l'idée de différents auteurs, sans distinction d'attributs ni d'opérations, ne sert qu'à embarrasser l'imagination, sans parvenir à satisfaire l'entendement. Pline [1] nous apprend que la statue de Laocoon fut l'ouvrage de trois artistes ; mais il est certain que, si nous ne l'avions pas su, nous n'aurions jamais imaginé qu'un groupe de formes, taillées dans une seule pierre et unies dans un seul plan, ne fut pas l'œuvre et l'accomplissement d'un seul sculpteur. Assigner un effet unique à la combinaison de plusieurs causes n'est certainement pas une supposition naturelle et évidente.

3. Mais si, d'un autre côté, quittant les œuvres de la nature, nous recherchons les traces d'une puissance invisible dans les événements divers et contraires de la vie humaine, alors c'est au polythéisme, c'est à la découverte de plusieurs divinités limitées et imparfaites que nous aboutissons nécessairement. Les orages et les tempêtes ruinent ce que le soleil nourrit. Le soleil détruit ce qu'alimente l'humidité des rosées et des pluies. La guerre peut être favorable à une nation que l'inclémence des saisons frappe de famine. La maladie et la peste peuvent dépeupler un royaume qui nage dans l'abondance. La même nation ne réussit pas également et en même temps sur terre et sur mer. Et telle nation qui aujourd'hui triomphe de ses ennemis, peut demain tomber sous leurs armes plus prospères. En bref, la conduite des événements, ou ce que nous appelons le plan d'une providence particulière, est si pleine de diversité et d'incertitude que la supposer sous le commandement

1. Pline, *Histoire naturelle*, liv. XXXVI, 4, 37.
La fin de ce paragraphe, à partir de ce début de phrase, est donnée en note dans les éditions de 1757 à 1768.

by any intelligent beings, we must acknowledge a contrariety in their designs and intentions, a constant combat of opposite powers, and a repentance or change of intention in the same power, from impotence or levity. Each nation has its tutelar deity. Each element is subjected to its invisible power or agent. The province of each god is separate from that of another. Nor are the operations of the same god always certain and invariable. Today he protects; tomorrow he abandons us. Prayers and sacrifices, rites and ceremonies, well or ill performed, are the sources of his favour or enmity, and produce all the good or ill fortune which are to be found amongst mankind.

4. We may conclude, therefore, that, in all nations, which have embraced polytheism, the first ideas of religion arose not from a contemplation of the works of nature, but from a concern with regard to the events of life, and from the incessant hopes and fears which actuate the human mind. Accordingly, we find that all idolaters, having separated the provinces of their deities, have recourse to that invisible agent, to whose authority they are immediately subjected, and whose province it is to superintend that course of actions in which they are, at any time, engaged. Juno is invoked at marriages; Lucina at births. Neptune receives the prayers of seamen and Mars of warriors. The husbandman cultivates his field under the protection of Ceres and the merchant acknowledges the authority of Mercury. Each natural event is supposed to be governed by some intelligent agent; and nothing prosperous or

immédiat d'êtres intelligents, c'est être contraint d'avouer
de la contradiction dans les desseins et les intentions de
ces êtres, un combat constant entre des puissances adverses,
et dans la même puissance, par faiblesse ou par légèreté,
un repentir ou un changement d'intention. Chaque nation
a sa divinité tutélaire. Chaque élément est soumis à la
puissance, à l'agent invisible qui lui est propre. Le domaine
de chaque dieu est séparé de celui des autres. Et les
opérations du même dieu ne sont pas toujours certaines et
invariables. Aujourd'hui il nous protège, demain il nous
abandonnera. Prières et sacrifices, rites et cérémonies, bien
ou mal accomplis, sont les sources de sa faveur ou de son
inimitié ; c'est de là que vient toute la bonne ou la mauvaise
fortune qui échoit aux hommes.

4. Nous pouvons donc conclure que chez toutes les
nations qui ont embrassé le polythéisme [1], les premières
idées de la religion naquirent, non de la contemplation des
œuvres de la nature, mais du souci des événements de la
vie et des incessantes espérances et craintes dont l'âme
humaine est agitée. Et nous voyons tous les idolâtres, une
fois qu'ils ont séparé les domaines de leurs divinités, se
tourner vers l'agent invisible à l'autorité duquel ils sont
immédiatement soumis et qui a pour domaine de présider
le cours d'actions dans lequel, selon l'occasion, ils sont
engagés. Junon est invoquée aux mariages, Lucine aux
naissances. Neptune reçoit les prières des marins et Mars
celles des guerriers. L'agriculteur cultive son champ sous
la protection de Cérès et le marchand invoque l'autorité
de Mercure. Chaque événement naturel est, pense-t-on,
gouverné par un agent intelligent ; nulle prospérité nulle

1. *Les éditions de 1757 à 1770 disent* : polythéisme ou idolâtrie.

adverse can happen in life, which may not be the subject of peculiar prayers or thanksgivings. *

5. It must necessarily, indeed, be allowed that, in order to carry men's attention beyond the present course of things, or lead them into any inference concerning invisible intelligent power, they must be actuated by some passion which prompts their thought and reflection ; some motive, which urges their first enquiry. But what passion shall we here have recourse to, for explaining an effect of such mighty consequence ? Not speculative curiosity surely, or the pure love of truth. That motive is too refined for such gross apprehensions and would lead men into enquiries concerning the frame of nature, a subject too large and comprehensive for their narrow capacities. No passions, therefore, can be supposed to work upon such barbarians, but the ordinary affections of human life ; the anxious concern for happiness, the dread of future misery, the terror of death, the thirst of revenge, the appetite for food and other necessaries. Agitated by hopes and fears of this nature, especially the latter, men scrutinize, with a trembling curiosity, the course of future causes and examine the

* « Fragilis & laboriosa mortalitas in partes ista digessit, infirmitatis suae memor, ut portionibus quisquis coleret, quo maxime indigeret. » Plin. lib. II. cap. 7. So early as Hesiod's time there were 30,000 deities. *Oper. et Dier.* lib. I. ver. 250. But the task to be performed by these seems still too great for their number. The provinces of the deities were so subdivided, that there was even a God of *Sneezing*. See Arist. *Probl.* sect. 33. cap. 7. The province of copulation, suitably to the importance and dignity of it, was divided among several deities.

adversité ne surviennent en cette vie, qui ne puissent être le sujet de prières ou d'actions de grâces particulières *.

5. On ne saurait nier que pour porter le regard des hommes au-delà du cours présent des choses ou les faire donner dans des inférences touchant une puissance intelligente et invisible, il faut une passion agissante qui stimule leur pensée et leur réflexion, un motif qui provoque leur première enquête. Mais à quelle passion ferons-nous appel pour expliquer un effet aux conséquences aussi importantes ? Serait-ce une curiosité spéculative, le pur amour de la vérité ? Mais ces motifs sont trop raffinés pour des intelligences si grossières ; et ils conduiraient les hommes à examiner l'agencement de la nature, sujet trop large et trop étendu pour leurs étroites capacités. Les seules passions qu'on puisse imaginer capables d'agir sur de tels barbares sont les affections ordinaires de la vie humaine : le souci anxieux du bonheur, la crainte de maux futurs, la peur de la mort, la soif de vengeance, la faim et l'aspiration aux autres nécessités de l'existence. Agités par des espoirs et des craintes de cette sorte, et surtout par les dernières, les hommes scrutent avec une curiosité tremblante le cours des causes futures et examinent les

---

* « *Fragilis et laboriosa mortalitas in partes ista digessit, infirmitatis suae memor, ut portionibus quiquis coleret, quo maxime indigeret* ». « Fragile et souffrante, la race des mortels, songeant à sa faiblesse, a fait cette division, afin que chacun pût adorer séparément ce dont il avait le plus besoin » (Pline, *Histoire naturelle*, liv. II, chap. 5, § 15). Dès l'époque d'Hésiode, il y avait 30000 divinités (*Les travaux et les jours*, liv. I, v. 252-255). Mais les devoirs que celles-ci doivent remplir semblent encore trop importants pour leur nombre. Les domaines des divinités étaient tellement subdivisés qu'il y avait même un Dieu de *l'éternuement*. Voir Aristote (*Problèmes*, liv. XXXIII, 33, 7, 962a 21-24). Le domaine de l'accouplement, conformément à son importance et à sa dignité, était divisé entre plusieurs dieux.

various and contrary events of human life. And in this disordered scene, with eyes still more disordered and astonished, they see the first obscure traces of divinity.

SECTION III.
THE SAME SUBJECT CONTINUED

1. We are placed in this world, as in a great theatre, where the true springs and causes of every event are entirely concealed from us; nor have we either sufficient wisdom to foresee or power to prevent those ills with which we are continually threatened. We hang in perpetual suspence between life and death, health and sickness, plenty and want; which are distributed amongst the human species by secret and unknown causes, whose operation is oft unexpected, and always unaccountable. These *unknown causes*, then, become the constant object of our hope and fear; and while the passions are kept in perpetual alarm by an anxious expectation of the events, the imagination is equally employed in forming ideas of those powers on which we have so entire a dependence. Could men anatomize nature, according to the most probable, at least the most intelligible philosophy, they would find that these causes are nothing but the particular fabric and structure of the minute parts of their own bodies and of external objects; and that, by a regular and constant machinery, all the events are produced, about which they are so much concerned. But this philosophy exceeds the comprehension of the ignorant multitude, who can only conceive the *unknown causes* in a general and confused manner; though their imagination,

événements divers et contraires de la vie humaine. Et sur cette scène de désordre, avec des yeux encore plus troublés et étonnés, ils aperçoivent confusément les premières traces de divinité.

III. Suite du même sujet

1. Nous sommes placés dans ce monde comme dans un grand théâtre dont les machines nous sont entièrement cachées, ignorants que nous sommes des ressorts et des causes véritables de chaque événement ; et nous n'avons pas assez de science pour prévoir, ni assez de puissance pour prévenir les maux qui sans cesse nous menacent. Nous restons dans un perpétuel suspens entre la vie et la mort, la santé et la maladie, l'abondance et le besoin, toutes choses qui sont réparties entre les hommes par des causes secrètes et inconnues dont l'opération est souvent inattendue et toujours inexplicable. *Ces causes inconnues* deviennent alors l'objet constant de nos espérances et de nos craintes ; et tandis que nos passions demeurent en perpétuelle alerte, dans l'attente inquiète des événements, notre imagination s'emploie de son côté à former l'idée de ces puissances dont nous dépendons si étroitement. Si les hommes pouvaient faire l'anatomie de la nature, ils découvriraient, en suivant la philosophie la plus probable ou du moins la plus intelligible, que ces causes ne sont rien d'autre que l'arrangement et la structure particulière des minuscules parties qui composent leurs propres corps et les objets extérieurs, et qu'un mécanisme constant et régulier produit tous les événements qui les inquiètent tant. Mais cette philosophie dépasse la compréhension du vulgaire ignorant qui ne peut concevoir *les causes inconnues* que d'une manière générale et confuse ; quoique son imagination,

perpetually employed on the same subject, must labour to form some particular and distinct idea of them. The more they consider these causes themselves, and the uncertainty of their operation, the less satisfaction do they meet with in their researches; and, however unwilling, they must at last have abandoned so arduous an attempt, were it not for a propensity in human nature which leads into a system that gives them some satisfaction.

2. There is an universal tendency among mankind to conceive all beings like themselves, and to transfer to every object those qualities with which they are familiarly acquainted and of which they are intimately conscious. We find human faces in the moon, armies in the clouds; and by a natural propensity, if not corrected by experience and reflection, ascribe malice or good-will to every thing that hurts or pleases us. Hence the frequency and beauty of the *prosopopœia* in poetry; where trees, mountains and streams are personified, and the inanimate parts of nature acquire sentiment and passion. And though these poetical figures and expressions gain not on the belief, they may serve, at least, to prove a certain tendency in the imagination without which they could neither be beautiful nor natural. Nor is a river-god or hamadryad always taken for a mere poetical or imaginary personage, but may sometimes enter into the real creed of the ignorant vulgar; while each grove or field is represented as possessed of a particular *genius* or invisible power, which inhabits and protects it. Nay, philosophers cannot entirely exempt themselves from this natural frailty, but have oft ascribed to inanimate matter the horror of a *vacuum*, sympathies,

s'employant sans relâche sur le même sujet, s'applique à s'en faire une idée particulière et distincte. Plus il considère ces causes elles-mêmes et l'incertitude de leur opération, et moins il trouve de satisfaction dans ses recherches ; et, en dépit de lui-même, il aurait nécessairement fini par abandonner un effort si pénible, s'il n'y avait dans la nature humaine un penchant qui le porte à un système capable de lui donner quelque satisfaction.

2. C'est une tendance universellement répandue chez les hommes que de concevoir tous les êtres à leur ressemblance et de revêtir chaque objet des qualités qui leur sont habituelles et familières et dont ils sont intimement conscients. Nous découvrons des visages humains dans la lune, des armées dans les nuages ; et par un penchant naturel, s'il n'est pas corrigé par l'expérience et la réflexion, nous prêtons de la malveillance ou de la bienveillance à tout ce qui nous blesse ou nous plaît. De là, la fréquence et la beauté des prosopopées dans la poésie : les arbres, les montagnes et les rivières sont personnifiés et les éléments inanimés de la nature acquièrent des sentiments et des passions. Et bien que ces formes et ces expressions poétiques ne donnent guère matière à croire, elles peuvent illustrer du moins une certaine tendance de l'imagination, sans laquelle elles n'auraient ni beauté ni naturel. D'ailleurs, les dieux des rivières ou les hamadryades ne sont pas toujours pris pour des êtres purement poétiques et imaginaires ; il arrive qu'ils peuplent réellement la croyance du vulgaire ignorant, quand chaque bosquet, chaque champ est mis sous la domination d'un génie particulier ou d'une puissance invisible qui l'habite et le protège. Les philosophes eux-mêmes ne peuvent entièrement échapper à cette fragilité naturelle : ne les a-t-on point vus donner à la matière inanimée l'horreur du vide, et aussi des sympathies,

antipathies, and other affections of human nature. The absurdity is not less, while we cast our eyes upwards and, transferring, as is too usual, human passions and infirmities to the deity, represent him as jealous and revengeful, capricious and partial, and, in short, a wicked and foolish man, in every respect but his superior power and authority. No wonder, then, that mankind, being placed in such an absolute ignorance of causes, and being at the same time so anxious concerning their future fortune, should immediately acknowledge a dependence on invisible powers, possessed of sentiment and intelligence. The *unknown causes*, which continually employ their thought, appearing always in the same aspect, are all apprehended to be of the same kind or species. Nor is it long before we ascribe to them thought and reason and passion, and sometimes even the limbs and figures of men, in order to bring them nearer to a resemblance with ourselves.

3. In proportion as any man's course of life is governed by accident, we always find, that he encreases in superstition; as may particularly be observed of gamesters and sailors, who, though, of all mankind, the least capable of serious reflection, abound most in frivolous and superstitious apprehensions. The gods, says Coriolanus in Dionysius, * have an influence in every affair; but above all, in war; where the event is so uncertain. All human life, especially before the institution of order and good government, being subject to fortuitous accidents, it is natural, that superstition should prevail every where in barbarous ages,

* Lib. VIII.

des antipathies et bien d'autres affections de la nature humaine ? L'absurdité n'est pas moindre, quand nous levons les yeux vers les cieux et que, comme il advient trop souvent, nous transférons à la Divinité les passions et les infirmités humaines, la représentant jalouse, prête à la vengeance, capricieuse et partiale, en bref en tout point semblable à un homme méchant et insensé, excepté par sa puissance et son autorité supérieure. Il n'y a rien d'étonnant alors à ce que les hommes, étant placés dans une ignorance aussi absolue des causes et en même temps si inquiets de leur fortune future, reconnaissent immédiatement qu'elle dépend de puissances invisibles, douées de sentiment et d'intelligence. *Les causes inconnues* qui occupent sans cesse leur pensée, s'offrant toujours sous le même aspect, paraissent comme étant toutes de la même sorte ou espèce. Et il faut peu de temps pour que nous leur donnions la pensée, la raison, les passions et parfois même les membres et les formes humaines, afin de les amener à une plus grande ressemblance avec nous-mêmes.

3. Il est constant qu'un homme devient plus superstitieux à mesure qu'il éprouve un plus grand nombre d'accidents dans le cours de son existence. On le voit en particulier chez les joueurs et les marins qui, de tous les hommes, sont les moins capables d'une réflexion sérieuse, sont la proie de mille craintes frivoles et superstitieuses. Les dieux, dit Coriolan dans Denys *, ont de l'influence en toutes choses, mais surtout dans la guerre où ce qui doit arriver est si incertain. Toute vie humaine est exposée aux vicissitudes de la fortune, surtout en l'absence d'un ordre ou d'un gouvernement institué ; il est donc naturel que la superstition se soit partout répandue dans les temps barbares

---

* Denys d'Halicarnasse, *Antiquités romaines*, liv. VIII, 33.

and put men on the most earnest enquiry concerning those invisible powers who dispose of their happiness or misery. Ignorant of astronomy and the anatomy of plants and animals, and too little curious to observe the admirable adjustment of final causes, they remain still unacquainted with a first and supreme creator, and with that infinitely perfect spirit, who alone, by his almighty will, bestowed order on the whole frame of nature. Such a magnificent idea is too big for their narrow conceptions, which can neither observe the beauty of the work, nor comprehend the grandeur of its author. They suppose their deities, however potent and invisible, to be nothing but a species of human creatures, perhaps raised from among mankind, and retaining all human passions and appetites, together with corporeal limbs and organs. Such limited beings, though masters of human fate, being, each of them, incapable of extending his influence every where, must be vastly multiplied, in order to answer that variety of events which happen over the whole face of nature. Thus every place is stored with a crowd of local deities; and thus polytheism has prevailed, and still prevails, among the greatest part of uninstructed mankind. *

---

* The following lines of Euripides are so much to the present purpose, that I cannot forbear quoting them :

Οὐκ ἔστιν οὐδὲν πιστὸν ὄυτ' εὐδοξία,
Οὔτ' αὖ καλῶς πράσσοντα μὴ πράξειν κακῶς.
Φύρουσι δ' αὖθ' οἱ θεοὶ πάλιν τε καὶ πρόσω,
Ταραγμὸν ἐντιθέντες, ὡς ἀγνωσίᾳ.
Σέβωμεν αὐτούς.

« There is nothing secure in the world; no glory, no prosperity. The gods toss all life into confusion; mix every thing with its reverse; that all of us, from our ignorance and uncertainty, may pay them the more worship and reverence. » Hecuba.

et qu'elle ait jeté les hommes dans les recherches les plus empressées concernant les puissances invisibles qui disposent de leur bonheur ou de leur malheur. Ignorant l'astronomie, l'anatomie des plantes et des animaux, et trop peu curieux pour observer l'admirable ajustement des causes finales, ils restent fort éloignés de la notion d'un premier et suprême Créateur et de l'Esprit infiniment parfait qui seul, par sa volonté toute puissante, agença l'ordre de toute la nature. Une idée si magnifique est trop vaste pour leurs étroites conceptions, qui ne peuvent ni observer la beauté de l'œuvre ni embrasser la grandeur de son auteur. Ils imaginent que leurs divinités, quoique puissantes et invisibles, ne sont rien que des sortes de créatures humaines, peut-être issues d'entre les hommes et conservant toutes leurs passions et tous leurs appétits, avec leurs membres et leurs organes corporels. Des êtres si limités, maîtres, certainement, du sort des hommes, mais bien incapables chacun d'étendre partout leur influence, doivent être multipliés prodigieusement pour répondre à cette variété d'événements qui se produisent dans toute la nature. Ainsi chaque lieu renferme-t-il une foule de divinités locales ; ainsi le polythéisme s'est-il imposé et s'impose-t-il encore à la plus grande partie de l'humanité inculte *.

* Les vers suivants d'Euripide viennent si à propos que je ne peux m'empêcher de les citer :

Οὐκ ἔστιν οὐδὲν πιστὸν οὔτ' εὐδοξία,

Οὔτ' αὖ καλῶς πράσσοντα μὴ πράξειν κακῶς.

Φύρουσι δ' αὖθ' οἱ θεοὶ πάλιν τε καὶ πρόσω,

Ταραγμὸν ἐντιθέντες, ὡς ἀγνωσίᾳ.

Σέβωμεν αὐτούς.

« Il n'y a rien de sûr en ce monde : ni gloire ni prospérité ; les dieux jettent toute existence dans la confusion, mélangent toute chose avec son contraire, afin que tous, par ignorance et incertitude, nous leur accordions d'autant plus d'adoration et de vénération » (*Hécube*, v. 956-60).

4. Any of the human affections may lead us into the notion of invisible, intelligent power; hope as well as fear, gratitude as well as affliction. But if we examine our own hearts, or observe what passes around us, we shall find that men are much oftener thrown on their knees by the melancholy than by the agreeable passions. Prosperity is easily received as our due, and few questions are asked concerning its cause or author. It begets cheerfulness and activity and alacrity and a lively enjoyment of every social and sensual pleasure; and during this state of mind, men have little leisure or inclination to think of the unknown invisible regions. On the other hand, every disastrous accident alarms us, and sets us on enquiries concerning the principles whence it arose; apprehensions spring up with regard to futurity; and the mind, sunk into diffidence, terror, and melancholy, has recourse to every method of appeasing those secret intelligent powers on whom our fortune is supposed entirely to depend.

5. No topic is more usual with all popular divines than to display the advantages of affliction, in bringing men to a due sense of religion; by subduing their confidence and sensuality, which, in times of prosperity, make them forgetful of a divine providence. Nor is this topic confined merely to modern religions. The ancients have also employed it. *Fortune has never liberally, without envy,* says a Greek historian, * *bestowed an unmixed happiness on mankind; but with all her gifts has ever conjoined some disastrous circumstance, in order to chastize men into a*

* Diod. Sic. lib. III.

4. Toutes les affections humaines peuvent nous suggérer la notion d'une puissance invisible et intelligente ; l'espoir aussi bien que la crainte, la gratitude aussi bien que l'affliction. Mais si nous examinons notre propre cœur, si nous observons ce qui se passe autour de nous, nous verrons que les sentiments mélancoliques font fléchir le genou des hommes bien plus souvent que les passions agréables. Nous accueillons facilement la prospérité comme notre dû et nous nous interrogeons peu sur sa cause ou son auteur. Elle engendre la gaieté, l'activité, la vivacité et une intense jouissance de tous les plaisirs de la société et des sens ; et tant que nous demeurons dans cet état d'esprit, nous avons peu le loisir ou le goût de penser aux régions invisibles et inconnues. D'un autre côté, tout accident funeste nous alarme et nous pousse à chercher les principes qui l'ont causé ; l'appréhension du futur nous saisit ; et notre esprit, en proie à la méfiance, à la terreur et à la mélancolie, a recours à tous les moyens d'apaiser ces puissances intelligentes et secrètes dont, pensons-nous, notre sort dépend entièrement.

5. Rien de plus commun chez tous les théologiens populaires, que d'afficher les avantages de l'affliction pour mener les hommes à de justes sentiments de la religion, propre à dompter cette présomption et cette sensualité qui, dans les temps de prospérité, leur font oublier la Divine Providence. Et cette pratique ne se limite pas seulement aux religions modernes. Les anciens l'ont employée. *La fortune*, dit un historien grec [*], *n'a jamais accordé libéralement ni sans envie un bonheur parfait à l'humanité ; mais à tous ses dons elle a toujours joint quelque circonstance désastreuse, afin de châtier les hommes et de les pousser*

---

[*] Diodore de Sicile, *Bibliothèque historique*, liv. III, chap. 47.

reverence for the gods, whom, in a continued course of prosperity, they are apt to neglect and forget.

6. What age or period of life is the most addicted to superstition? The weakest and most timid. What sex? The same answer must be given. *The leaders and examples of every kind of superstition*, says Strabo, * *are the women. These excite the men to devotion and supplications, and the observance of religious days. It is rare to meet with one that lives apart from the females, and yet is addicted to such practices. And nothing can, for this reason, be more improbable than the account given of an order of men among the Getes, who practised celibacy, and were notwithstanding the most religious fanatics.* A method of reasoning, which would lead us to entertain a bad idea of the devotion of monks; did we not know by an experience, not so common, perhaps, in Strabo's days, that one may practise celibacy, and profess chastity, and yet maintain the closest connexions and most entire sympathy with that timorous and pious sex.

SECTION IV.
DEITIES NOT CONSIDERED AS CREATORS
OR FORMERS OF THE WORLD

1. The only point of theology, in which we shall find a consent of mankind almost universal, is that there is invisible, intelligent power in the world : But whether this power be supreme or subordinate, whether confined to one being, or distributed among several, what attributes,

* Lib. VII.

ainsi à vénérer les dieux qu'au sein d'une prospérité durable ils ont tendance à négliger et à oublier.

6. Quel âge, quel temps de la vie est le plus soumis à la superstition ? Le plus faible et le plus craintif. Quel sexe ? Il faut donner la même réponse. *Les femmes*, dit Strabon [*], *conduisent toutes les superstitions ; et elles en donnent l'exemple. Elles incitent les hommes à la dévotion, aux prières et à l'observance des jours religieux. Il est rare de rencontrer un homme qui vive loin de leur commerce et qui se livre cependant à de telles pratiques. Aussi rien ne paraît moins probable que ce qu'on dit d'un ordre d'hommes chez les Gètes, qui pratiquait le célibat et qui faisait cependant preuve du fanatisme le plus religieux.* Méthode de raisonnement qui nous conduirait à avoir une mauvaise idée de la dévotion des moines, si nous ne savions pas, par une expérience qui n'était peut-être pas aussi commune au temps de STRABON, que l'on peut pratiquer le célibat et professer la chasteté, et conserver cependant l'attachement le plus vif et la sympathie la plus grande envers ce sexe craintif et pieux !

IV. QUE LE POLYTHÉISME NE CONSIDÈRE PAS SES DIVINITÉS COMME LA CAUSE DE LA CRÉATION OU DE LA FORMATION DU MONDE

1. Le seul point de théologie sur lequel soient d'accord presque tous les hommes, c'est qu'il existe dans le monde quelque puissance intelligente et invisible. Mais sur la question de savoir si cette puissance est suprême ou subordonnée, si elle est entre les mains d'un être unique ou distribuée entre plusieurs, quels attributs,

* Strabon, *Géographie*, liv. VII, chap. 4.

qualities, connexions, or principles of action ought to be ascribed to those beings; concerning all these points, there is the widest difference in the popular systems of theology. Our ancestors in Europe, before the revival of letters, believed, as we do at present, that there was one supreme God, the author of nature, whose power, though in itself uncontroulable, was yet often exerted by the interposition of his angels and subordinate ministers, who executed his sacred purposes. But they also believed that all nature was full of other invisible powers, fairies, goblins, elves, sprights; beings stronger and mightier than men, but much inferior to the celestial natures, who surround the throne of God. Now, suppose, that any one, in those ages, had denied the existence of God and of his angels; would not his impiety justly have deserved the appellation of atheism, even though he had still allowed, by some odd capricious reasoning, that the popular stories of elves and fairies were just and well-grounded? The difference, on the one hand, between such a person and a genuine theist is infinitely greater than that, on the other, between him and one that absolutely excludes all invisible intelligent power. And it is a fallacy, merely from the casual resemblance of names, without any conformity of meaning, to rank such opposite opinions under the same denomination.

2. To any one, who considers justly of the matter, it will appear that the gods of all polytheists are no better than the elves or fairies of our ancestors, and merit as little any pious worship or veneration. These pretended religionists are really a kind of superstitious atheists, and acknowledge no being that corresponds to our idea of a deity. No first principle of mind or thought : No supreme government and

quelles qualités, quelles liaisons ou quels principes d'action doivent être accordés à ces êtres – sur tous ces points, les plus larges divergences séparent les systèmes populaires de théologie. Nos ancêtres d'Europe, avant la renaissance des Lettres, croyaient, comme nous le faisons actuellement, qu'il y a un Dieu suprême, auteur de la nature, dont la puissance, bien qu'incontrôlable en elle-même, s'exerce souvent cependant par l'intermédiaire de ses anges et de ses ministres subordonnés qui exécutent ses desseins sacrés. Mais ils croyaient aussi que toute la nature était pleine d'autres puissances invisibles : fées, gobelins, elfes, lutins – des êtres plus forts et plus puissants que les hommes, mais très inférieurs aux natures célestes qui entourent le trône de Dieu. Or, supposez qu'un homme de cette époque ait nié l'existence de Dieu et de ses anges ; son impiété n'aurait-elle pas mérité à juste titre le nom d'*athéisme*, même si, par quelque raisonnement bizarre et capricieux, il avait reconnu que les histoires d'elfes et de fées étaient justes et bien fondées ? Un tel individu diffère infiniment plus du pur théiste que de celui qui, de l'autre côté, exclut toute puissance intelligente et invisible. Et c'est être la dupe d'une ressemblance accidentelle des noms, sans nulle unité de sens, que de ranger des opinions aussi opposées sous la même dénomination.

2. Si l'on considère exactement le sujet, il apparaîtra que les dieux de tous les polythéistes [1] ne valent pas mieux que les elfes et les fées de nos ancêtres et qu'ils sont aussi indignes d'être adorés et vénérés avec piété. Ces hommes soi-disant religieux sont en réalité des espèces d'athées superstitieux et ils ne reconnaissent rien qui corresponde à notre idée de la divinité : nul premier principe spirituel ou intellectuel, nul gouvernement ou

1. *Les éditions de 1757 à 1770 disent* : polythéistes ou idolâtres.

administration : No divine contrivance or intention in the fabric of the world.

3. The Chinese, * when their prayers are not answered, beat their idols. The deities of the Laplanders are any large stone which they meet with of an extraordinary shape. ** The Egyptian mythologists, in order to account for animal worship, said, that the gods, pursued by the violence of earth-born men, who were their enemies, had formerly been obliged to disguise themselves under the semblance of beasts. *** The Caunii, a nation in the Lesser Asia, resolving to admit no strange gods among them, regularly, at certain seasons, assembled themselves compleatly armed, beat the air with their lances, and proceeded in that manner to their frontiers ; in order, as they said, to expel the foreign deities. **** *Not even the immortal gods*, said some German nations to Caesar, *are a match for the Suevi.* *****

4. Many ills, says Dione in Homer to Venus wounded by Diomede, many ills, my daughter, have the gods inflicted on men : And many ills, in return, have men inflicted on the gods ******. We need but open any classic author to meet with these gross representations of the deities; and Longinus ******* with reason observes that such ideas of

* Père le Comte.

** Regnard, Voïage de Laponie.

*** Diod. Sic. lib. I. Lucian. de Sacrificiis. Ovid alludes to the same tradition, Metam. lib. V. l. 321. So also Manilius, lib. IV.

**** Herodot. lib. I.

***** Caes. Comment. de bello Gallico, lib. IV.

****** Lib. V. 381.

******* Cap. IX.

administration suprême, nul projet, nulle intention divine dans la constitution du monde.

3. Les Chinois * battent leurs idoles, quand leurs prières ne sont pas exaucées. La première grosse pierre où il voit une forme extraordinaire est pour le Lapon une divinité **. Les mythologues égyptiens, pour justifier le culte qu'ils rendent aux animaux, disaient que les dieux, poursuivis par la violence de leurs ennemis, les hommes fils de la terre, avaient été contraints autrefois de se déguiser à la ressemblance des bêtes ***. Les Cauniens, nation d'Asie Mineure, ayant décidé de n'admettre chez eux aucun dieu étranger, s'assemblaient tout en armes, régulièrement à certaines saisons, et, en battant l'air avec leurs lances, ils s'avançaient jusqu'à leurs frontières, afin, disaient-ils, de chasser les divinités étrangères ****. *Pas même les dieux immortels*, disaient des nations germaines à César, *ne sont de taille à lutter contre les Suèves* *****.

4. Lisons Homère : ma fille, dit Dione à Vénus, blessée par Diomède, les dieux ont infligé aux hommes bien des maux, mais les hommes de même ont infligé bien des maux aux dieux ******. Il suffit d'ouvrir le premier auteur classique pour rencontrer ces représentations grossières des divinités. Et Longin******* observe avec raison que de telles idées de

---

* Père le Comte, *Mémoires sur l'état présent de la Chine*, Paris, 1696.

** Jean-François Régnard, *Voyage en Laponie*.

*** Diodore de Sicile, *Bibliothèque historique*, liv. I, chap. 86. Il s'agit des géants. Lucien, *Sur les sacrifices*, § 14. Ovide fait allusion à la même tradition, *Métamorphoses*, liv. V, v. 321-31. *Astronomica*, liv. IV, v. 800.

**** Hérodote, *Histoires*, liv. I, 172.

***** César, *La guerre des Gaules*, liv. IV, 7

****** *Iliade*, chant V, v. 382.

******* Pseudo-Longin, *Du sublime*, chap. IX, § 7.

the divine nature, if literally taken, contain a true atheism.

5. Some writers * have been surprized that the impieties of Aristophanes should have been tolerated, nay publicly acted and applauded by the Athenians; a people so superstitious and so jealous of the public religion that, at that very time, they put Socrates to death for his imagined incredulity. But these writers do not consider that the ludicrous, familiar images, under which the gods are represented by that comic poet, instead of appearing impious, were the genuine lights in which the ancients conceived their divinities. What conduct can be more criminal or mean, than that of Jupiter in the Amphitryon? Yet that play, which represented his gallante exploits, was supposed so agreeable to him that it was always acted in Rome by public authority, when the state was threatened with pestilence, famine, or any general calamity. ** The Romans supposed that, like all old letchers, he would be highly pleased with the recital of his former feats of prowess and vigour, and that no topic was so proper upon which to flatter his vanity.

6. The Lacedemonians, says Xenophon, *** always, during war, put up their petitions very early in the morning, in order to be beforehand with their enemies, and, by being the first solicitors, pre-engage the gods in their favour. We may gather from Seneca **** that it was usual, for the votaries in the temples, to make interest with the beadle or sexton, that they might have a seat near

* Père Brumoy, Théâtre des Grecs; & Fontenelle, Histoire des Oracles.
** Arnob. lib. VII.
*** De Laced. Rep.
**** Epist. XLI.

la nature divine, prises à la lettre, renferment un véritable athéisme.

5. Quelques auteurs * se sont montrés surpris que les impiétés d'Aristophane aient été tolérées et même jouées publiquement et applaudies par les Athéniens, ce peuple si superstitieux et si jaloux de la religion publique qu'au même moment il mettait à mort Socrate, sous le faux prétexte de son incrédulité. Mais ces auteurs ne voient pas que les images familières et grotesques sous lesquelles le poète comique représente les dieux, loin de paraître impies, formaient l'éclairage naturel dans lequel les anciens concevaient leurs divinités. Quelle conduite peut être plus criminelle ou plus vile que celle de Jupiter dans *Amphitryon*? Et pourtant cette pièce qui représentait ses exploits galants lui était, pensait-on, si agréable qu'on la jouait toujours à Rome, par décret public, quand l'État se trouvait menacé par la peste, par la famine ou par une calamité générale **. Les Romains supposaient que, comme tous les vieux vicieux, il éprouverait beaucoup de plaisir à écouter le récit de ses exploits virils et que nul sujet n'était si propre à flatter sa vanité.

6. Les Lacédémoniens, quand ils étaient en guerre, raconte Xénophon ***, faisaient toujours leurs prières de bon matin pour devancer leurs ennemis et pour disposer les dieux en leur faveur, en étant les premiers à les solliciter. Nous apprenons de Sénèque **** que dans les temples les dévots avaient l'habitude d'user de leur crédit auprès du bedeau ou du sacristain, de façon à avoir un siège près de

---

* Père Brumoy, *Discours sur la comédie grecque*, p. 247 *sq.* Fontenelle, *Histoire des oracles*, I re dissertation, chap. 8.

** Arnobe, *Contre les Gentils*, liv. III, 33.

*** Xénophon, *la constitution des Lacédémoniens*, XIII, 3-4.

**** Sénèque *Lettres à Lucilius*, liv. IV, lettre 41.

the image of the deity, in order to be the best heard in their prayers and applications to him. The Tyrians, when besieged by Alexander, threw chains on the statue of Hercules, to prevent that deity from deserting to the enemy. * Augustus, having twice lost his fleet by storms, forbad Neptune to be carried in procession along with the other gods, and fancied, that he had sufficiently revenged himself by that expedient. ** After Germanicus's death, the people were so enraged at their gods, that they stoned them in their temples, and openly renounced all allegiance to them. ***

7. To ascribe the origin and fabric of the universe to these imperfect beings never enters into the imagination of any polytheist or idolater. Hesiod, whose writings, with those of Homer, contained the canonical system of the heathens; **** Hesiod, I say, supposes gods and men to have sprung equally from the unknown powers of nature. ***** And throughout the whole theogony of that author, Pandora is the only instance of creation or a voluntary production; and she too was formed by the gods merely from despight to Prometheus, who had furnished men with stolen fire from the celestial regions. ****** The ancient mythologists, indeed, seem throughout to have rather embraced the idea of generation than that of creation or formation, and to have thence accounted for the origin of this universe.

---

* Quint. Curtius. lib. IV. cap. 3. Diod. Sic. lib. XVII.

** Suet. in vita Aug. cap. 16.

*** Id. in vita Cal. cap. 5

**** Herodot. lib. II. Lucian. *Jupiter confutatus, de luctu, Saturn*, etc.

***** Ὡς ὁμόθεν γεγάασι θεοὶ θνητοὶ τ' ἄνθρωποι. Hes. Opera & Dies, 1. 108.

****** Theog. 1. 570

l'image de la divinité, d'où, pensaient-ils, ils seraient mieux entendus dans leurs prières et leurs demandes. Les habitants de Tyr, assiégés par Alexandre, jetèrent des chaînes sur la statue d'Hercule, afin d'empêcher ce dieu de déserter chez l'ennemi*. Auguste, après avoir deux fois perdu sa flotte dans des tempêtes, interdit que Neptune fût porté en procession avec les autres dieux et il s'imagina s'être assez vengé de la sorte**. Après la mort de Germanicus, le peuple était si en colère contre ses dieux qu'il les lapida dans leurs temples et renonça ouvertement à leur rendre hommage***.

7. Assigner à ces êtres imparfaits l'origine et la constitution de l'univers n'entre jamais dans l'imagination d'un polythéiste ou d'un idolâtre. Hésiode, dont les écrits avec ceux d'Homère contenaient le système canonique des païens**** – Hésiode, dis-je, suppose que les dieux et les hommes furent également produits par les puissances inconnues de la nature*****. Pandore est le seul exemple, dans toute la théogonie de cet auteur, d'une création et d'une production volontaire ; encore les dieux la formèrent-ils par simple rancune envers Prométhée, qui avait donné aux hommes le feu dérobé aux régions célestes******. Et les anciens mythologues semblent de toute part avoir embrassé l'idée de génération, au lieu de celle de création et de formation, pour rendre compte de l'origine de cet univers.

---

* Quinte-Curce, *Histoires*, IV, 3, 22. Diodore de Sicile, *Bibliothèque historique*, XVII, 41, 8.

** Suétone, *Vie des douze Césars*, « Auguste », 16.

*** *Ibid.* « Caligula », 5.

**** Hérodote, *Histoires*, liv. II, 53. Lucien, *Jupiter confondu, Du deuil, Saturnales*, etc.

***** Ὡς ὁμόθεν γεγάασι θεοὶ θνητοὶ τ' ἄνθρωποι. Hésiode, *Les travaux et les jours*, I, v. 108).

****** Hésiode, *Théogonie*, v. 570 *sq*

8. Ovid, who lived in a learned age, and had been instructed by philosophers in the principles of a divine creation or formation of the world, finding that such an idea would not agree with the popular mythology which he delivers, leaves it, in a manner, loose and detached from his system. *Quisquis fuit ille Deorum?* * Whichever of the gods it was, says he, that dissipated the chaos, and introduced order into the universe. It could neither be Saturn, he knew, nor Jupiter, nor Neptune, nor any of the received deities of paganism. His theological system had taught him nothing upon that head; and he leaves the matter equally undetermined.

9. Diodorus Siculus **, beginning his work with an enumeration of the most reasonable opinions concerning the origin of the world, makes no mention of a deity or intelligent mind; though it is evident from his history that he was much more prone to superstition than to irreligion. And in another passage, *** talking of the Ichthyophagi, a nation in India, he says that, there being so great difficulty in accounting for their descent, we must conclude them to be *aborigines*, without any beginning of their generation, propagating their race from all eternity; as some of the physiologers, in treating of the origin of nature, have justly observed. « But in such subjects as these, » adds the historian, « which exceed all human capacity, it may well happen that those who discourse the most, know the least; reaching a specious appearance of truth in their reasonings, while extremely wide of the real truth and matter of fact. »

* Metamorph. lib. I. l. 32.
** Lib. I.
*** *Ibid.*

8. Ovide, qui vivait à une époque cultivée et qui avait été instruit par des philosophes dans les principes d'une création et d'une formation divine du monde, trouve qu'une telle idée ne saurait s'accorder à la mythologie populaire qu'il propose, et il la laisse, pour ainsi dire, sans lien ni rapport avec son système. *Quisquis fuit ille deorum* * : quel que fût, celui des dieux, dit-il, qui dissipa le chaos et introduisit un ordre dans l'univers. Il savait que ce ne pouvait être ni Saturne, ni Jupiter, ni Neptune, ni aucune des divinités admises par les Païens. Son système théologique ne lui avait rien enseigné sur ce chapitre et il laisse la question également indéterminée.

9. Diodore de Sicile**, commençant son œuvre par l'énumération des opinions les plus raisonnables sur l'origine du monde, ne fait nulle mention d'un dieu ou d'un esprit intelligent, bien qu'il soit évident par son Histoire qu'il était beaucoup plus porté à la superstition qu'à l'irréligion. Et parlant dans un autre passage*** d'une nation des INDES, les ICHTYOPHAGES, il affirme qu'il y a une si grande difficulté à rendre compte de leur ascendance qu'on doit conclure qu'ils sont *aborigines* : que leur lignée n'a pas de commencement et que leur race se propage de toute éternité, ainsi que l'ont justement observé quelques physiologues traitant de l'origine de la nature. « Mais dans de tels sujets », ajoute l'historien, « qui dépassent toute capacité humaine, il se peut bien que ceux qui discourent le plus soient ceux qui savent le moins, n'atteignant dans leurs raisonnements qu'une fausse apparence de la vérité, très éloignée de la réalité et de l'exacte vérité ».

* Ovide, *Les métamorphoses*, liv. I, v. 32.
** Diodore de Sicile, *Bibliothèque historique*, liv. I, 6, 7.
*** Diodore de Sicile, *Bibliothèque historique*, liv. III, 20, 2-3.

10. A strange sentiment in our eyes, to be embraced by a professed and zealous religionist! * But it was merely by accident that the question concerning the origin of the world did ever in ancient times enter into religious systems, or was treated of by theologers. The philosophers alone made profession of delivering systems of this kind; and it was pretty late too before these bethought themselves of having recourse to a mind or supreme intelligence, as the first cause of all. So far was it from being esteemed profane in those days to account for the origin of things without a deity, that Thales, Anaximenes, Heraclitus, and others, who embraced that system of cosmogony, past unquestioned; while Anaxagoras, the first undoubted theist among the philosophers, was perhaps the first that ever was accused of atheism. **

* The same author, who can thus account for the origin of the world without a Deity, esteems it impious to explain from physical causes the common accidents of life, earthquakes, inundations, and tempests; and devoutly ascribes these to the anger of Jupiter or Neptune. A plain proof, whence he derived his ideas of religion. See lib. XV. p. 364. Ex edit. Rhodomanni.

** It will be easy to give a reason, why Thales, Anaximander, and those early philosophers, who really were atheists, might be very orthodox in the pagan creed; and why Anaxagoras and Socrates, though real theists, must naturally, in ancient times, be esteemed impious. The blind, unguided powers of nature, if they could produce men, might also produce such beings as Jupiter and Neptune, who being the most powerful, intelligent existences in the world, would be proper objects of worship. But where a supreme intelligence, the first cause of all, is admitted, these capricious beings, if they exist at all, must appear very subordinate and dependent, and consequently be excluded from the rank of deities. Plato (de leg. lib. X) assigns this reason for the imputation thrown on Anaxagoras, namely his denying the divinity of the stars, planets, and other created objects.

10. Voilà à nos yeux un bien étrange sentiment pour un homme qui se déclare pour la religion et s'y rapporte avec zèle*! Mais c'était par pur accident que dans les anciens temps la question de l'origine du monde entrait dans les systèmes religieux ou qu'elle était traitée par les théologiens. Seuls les philosophes faisaient profession d'établir des systèmes de cette sorte ; et il fallut attendre assez longtemps pour qu'ils s'avisent d'avoir recours à un esprit ou à une intelligence suprême comme première cause de toutes choses. On était alors si éloigné de juger profane une explication de l'origine des choses qui ne recourait pas à une divinité, que Thalès, Anaximène, Héraclite et d'autres, qui embrassèrent ce système de cosmogonie, ne furent jamais inquiétés, alors qu'Anaxagore, le premier théiste certain parmi les philosophes, fut peut-être le premier à être accusé d'athéisme**.

* Le même auteur qui peut ainsi rendre compte de l'origine du monde sans l'aide d'une divinité, estime qu'il est impie d'expliquer à partir des causes physiques les accidents ordinaires de l'existence, les tremblements de terre, les inondations et les tempêtes ; et dévotement il attribue ces événements à la colère de Jupiter ou de Neptune. Preuve évidente de l'origine de ses idées religieuses. *Ibid.*, liv. VII, 15, 49. [Hume utilise l'édition gréco-latine de L. Rhodoman (1604).]

** Il est très facile d'expliquer pourquoi Thalès, Anaximandre et ces anciens philosophes qui étaient en réalité des athées, ont pu être parfaitement orthodoxes dans la croyance païenne, pendant que Anaxagore et Socrate, qui étaient, eux, de vrais théistes, furent inévitablement taxés d'impiété dans l'Antiquité. Les puissances aveugles et sans guide de la nature, si elles pouvaient produire les hommes, pouvaient aussi bien produire un Jupiter et un Neptune, lesquels se présentent comme les êtres les plus puissants et les plus intelligents qui fussent dans le monde, étaient à même d'être pris pour de justes objets de culte. Mais quand on admet une intelligence suprême, cause première de tout, ces êtres capricieux, s'ils existent, doivent apparaître très inférieurs et dépendants, et par conséquent être rejetés du rang des divinités. Platon (*Les lois*, X, 886d) donne pour raison à l'accusation lancée contre Anaxagore son refus de reconnaître la divinité des étoiles, des planètes et d'autres objets créés.

11. We are told by Sextus Empiricus,* that Epicurus, when a boy, reading with his preceptor these verses of Hesiod,

> Eldest of beings, *chaos* first arose ;
> Next *earth*, wide-stretch'd, the *seat* of all.

The young scholar first betrayed his inquisitive genius, by asking, *And chaos whence ?* but was told by his preceptor, that he must have recourse to the philosophers for a solution of such questions. And from this hint Epicurus left philology and all other studies, in order to betake himself to that science, whence alone he expected satisfaction with regard to these sublime subjects.

12. The common people were never likely to push their researches so far, or derive from reasoning their systems of religion ; when philologers and mythologists, we see, scarcely ever discovered so much penetration. And even the philosophers, who discoursed of such topics, readily assented to the grossest theory and admitted the joint origin of gods and men from night and chaos ; from fire, water, air, or whatever they established to be the ruling element.

13. Nor was it only on their first origin, that the gods were supposed dependent on the powers of nature. Throughout the whole period of their existence they were subjected to the dominion of fate or destiny. *Think of the force of necessity*, says Agrippa to the Roman people, *that force, to which even the gods must submit.* **

---

* Adversus Mathem. lib. X.
** Diony. s. Halic. lib. VI.

11. Sextus Empiricus* rapporte que dans son enfance Épicure lut avec son précepteur les vers suivants d'Hésiode :

D'abord naquit le chaos, le plus ancien des êtres,
Puis la *terre* aux vastes étendues, *siège* de toute chose.

Le jeune étudiant manifesta pour la première fois son génie inquisiteur en demandant : *et d'où naquit le chaos ?* Mais son précepteur lui répondit qu'il devait s'adresser aux philosophes, pour obtenir une réponse à de telles questions. Et fort de cette suggestion, Épicure abandonna la philologie et toutes ses autres études, pour se consacrer à cette science, la seule dont il attendait une satisfaction sur ces matières sublimes.

12. Le commun des hommes ne devait vraisemblablement jamais pousser aussi loin ses recherches, ni tirer du raisonnement ses systèmes de religion, quand les philologues et les mythologues eux-mêmes, comme nous le voyons, ne manifestaient guère plus de pénétration. Et même les philosophes qui parlaient de tels sujets, donnaient volontiers leur assentiment à la théorie la plus grossière et plaçaient l'origine commune des dieux et des hommes dans la nuit et le chaos, dans le feu, l'eau, l'air ou tout élément qu'ils établissaient comme dominant.

13. Et ce n'était pas seulement sur le point de leur première origine que les dieux étaient censés dépendre des puissances de la nature. Tout au long de leur existence, ils restaient soumis à l'autorité du sort ou du destin. *Songez à la force de la nécessité*, dit Agrippa au peuple romain, *cette force à laquelle même les dieux doivent se soumettre***.

---

* Sextus Empiricus, *Adversus mathematicos*, liv. IX, « *Contre les physiciens* », II, 18-19.
** Denys d'Halicarnasse, *Antiquités romaines*, liv. VI, 54.

And the Younger Pline, * agreeably to this way of thinking, tells us that amidst the darkness, horror, and confusion which ensued upon the first eruption of Vesuvius, several concluded, that all nature was going to wrack, and that gods and men were perishing in one common ruin.

14. It is great complaisance, indeed, if we dignify with the name of religion such an imperfect system of theology, and put it on a level with later systems, which are founded on principles more just and more sublime. For my part, I can scarcely allow the principles even of Marcus Aurelius, Plutarch, and some other *Stoics* and *Academics*, though much more refined than the pagan superstition, to be worthy of the honourable appellation of theism. For if the mythology of the heathens resemble the ancient European system of spiritual beings, excluding God and angels, and leaving only fairies and sprights ; the creed of these philosophers may justly be said to exclude a deity, and to leave only angels and fairies.

SECTION V.
VARIOUS FORMS OF POLYTHEISM :
ALLEGORY, HERO-WORSHIP

1. But it is chiefly our present business to consider the gross polytheism of the vulgar, and to trace all its various appearances, in the principles of human nature, whence they are derived.

* Epist. lib. VI.

Et Pline le Jeune *, se conformant à cette façon de penser, nous dit que dans l'obscurité, l'horreur et la confusion qui suivit la première éruption du Vésuve, plusieurs conclurent que toute la nature s'en allait à sa ruine et que les dieux et les hommes étaient en train de périr dans une destruction commune.

14. Il faut en vérité beaucoup de complaisance pour accorder le noble nom de *religion* à un système aussi imparfait de théologie, et pour le mettre sur le même pied que les systèmes plus récents qui sont fondés sur des principes plus justes et plus sublimes. Pour ma part, je doute que même les principes de Marc-Aurèle, de Plutarque et de quelques autres philosophes de l'école *stoïcienne* ou *académique*, principes qui sont pourtant beaucoup plus raffinés que la superstition païenne, méritent le titre honorable de *théisme*. Car enfin, si la mythologie des païens est comme le vieux système européen des êtres spirituels, dont on aurait exclu Dieu et les anges, et conservé les fées et les lutins, ne peut-on pas dire avec raison que la croyance de ces philosophes exclut la divinité et ne conserve que les anges et les fées?

V. FORMES DIVERSES DU POLYTHÉISME : L'ALLÉGORIE, LE CULTE DES HÉROS

1. Mais notre présent objet est d'examiner surtout le polythéisme grossier du vulgaire [1], d'en étudier toutes les diverses apparences et de les rapporter aux principes de la nature humaine où elles prennent leur origine.

---

* Pline le Jeune, *Lettres*, VI, 16.

1. *Les éditions de 1757 à 1770 disent* : le polythéisme et l'idolâtrie grossière du vulgaire.

2. Whoever learns by argument the existence of invisible intelligent power, must reason from the admirable contrivance of natural objects, and must suppose the world to be the workmanship of that divine being, the original cause of all things. But the vulgar polytheist, so far from admitting that idea, deifies every part of the universe, and conceives all the conspicuous productions of nature to be themselves so many real divinities. The sun, moon, and stars, are all gods according to his system : fountains are inhabited by nymphs, and trees by hamadryads. Even monkies, dogs, cats, and other animals often become sacred in his eyes, and strike him with a religious veneration. And thus, however strong men's propensity to believe invisible, intelligent power in nature, their propensity is equally strong to rest their attention on sensible, visible objects ; and in order to reconcile these opposite inclinations, they are led to unite the invisible power with some visible object.

3. The distribution also of distinct provinces to the several deities is apt to cause some allegory, both physical and moral, to enter into the vulgar systems of polytheism. The god of war will naturally be represented as furious, cruel, and impetuous ; the god of poetry as elegant, polite, and amiable ; the god of merchandise, especially in early times, as thievish and deceitful. The allegories, supposed in Homer and other mythologists, I allow, have often been so strained that men of sense are apt entirely to reject them, and to consider them as the production merely of the fancy and conceit of critics and commentators. But that allegory really has place in the heathen mythology is undeniable

2. Quiconque apprend l'existence d'une puissance intelligente et invisible par le moyen d'un argument, doit raisonner à partir de l'admirable disposition des objets naturels et supposer que le monde est l'œuvre de cet Être divin qui est la cause première de toutes choses. Mais le polythéiste ordinaire est si loin d'admettre cette idée qu'il déifie chaque partie de l'univers et imagine que toutes les productions remarquables de la nature sont elles-mêmes autant de divinités réelles. Selon son système, le soleil, la lune et les étoiles sont tous des dieux ; les fontaines sont habitées par des nymphes et les arbres par des hamadryades ; même les singes, les chiens, les chats et d'autres animaux, se transformant souvent à ses yeux en objets sacrés, le frappent d'une vénération religieuse. Et ainsi, si forte que soit la tendance des hommes à croire en une puissance intelligente et invisible, présente dans la nature, ils ont une tendance aussi forte à porter leur attention sur les objets visibles et sensibles ; et afin de réconcilier ces inclinations contraires, ils en viennent à unir la puissance invisible à quelque objet visible.

3. La répartition de diverses attributions entre plusieurs divinités peut aussi faire entrer des allégories, physiques et morales, dans les systèmes vulgaires du polythéisme. On représentera naturellement le dieu de la guerre comme un dieu furieux, cruel et violent ; le dieu de la poésie comme un dieu élégant, poli et aimable ; le dieu du commerce, surtout aux premiers temps, sera un dieu voleur et menteur. Les allégories imaginées par Homère et d'autres mythologues sont souvent, je l'avoue, si forcées qu'un homme sensé est sujet à les rejeter totalement et à les considérer comme de purs produits de la fantaisie et de la vanité des critiques et des commentateurs. Mais que l'allégorie ait vraiment une place dans la mythologie païenne, est une chose indéniable

even on the least reflection. Cupid the son of Venus; the Muses the daughters of Memory; Prometheus, the wise brother, and Epimetheus the foolish; Hygieia or the goddess of health descended from AEsculapius or the god of physic. Who sees not in these, and in many other instances, the plain traces of allegory? When a god is supposed to preside over any passion, event, or system of actions, it is almost unavoidable to give him a genealogy, attributes, and adventures, suitable to his supposed powers and influence; and to carry on that similitude and comparison, which is naturally so agreeable to the mind of man.

4. Allegories, indeed, entirely perfect, we ought not to expect as the productions of ignorance and superstition; there being no work of genius that requires a nicer hand, or has been more rarely executed with success. That *Fear* and *Terror* are the sons of Mars is just, but why by Venus? * That *Harmony* is the daughter of Venus is regular, but why by Mars? ** That *Sleep* is the brother of *Death* is suitable, but why describe him as enamoured of one of the Graces? *** And since the ancient mythologists fall into mistakes so gross and palpable, we have no reason surely to expect such refined and long-spun allegories, as some have endeavoured to deduce from their fictions.

5. Lucretius was plainly seduced by the strong appearance of allegory, which is observable in the pagan fictions. He first addresses himself to Venus as to that

* Hesiod. Theog. l. 935.
** *Ibid.*; Plut. in vita Pelop.
*** Illiad. XIV. 263.

qui se découvre à la moindre réflexion. Cupidon est le fils de Vénus, les Muses sont les filles de la Mémoire ; Prométhée est le frère sage et Épiméthée le frère insensé ; Hygie, déesse de la santé, est la fille d'Esculape, dieu de la médecine. Qui ne voit en ces exemples et en bien d'autres les traces évidentes de l'allégorie ? Chaque fois qu'un dieu est censé présider à une passion, un événement ou un système d'actions, il est presque inévitable de lui donner une généalogie, des attributs et des aventures qui s'accordent aux pouvoirs et à l'influence qu'on lui suppose, et de prolonger cette ressemblance ou cette comparaison qui est naturellement si conforme à l'esprit humain.

4. Certes, il ne faut pas espérer que l'ignorance et la superstition produisent des allégories absolument parfaites, car il n'y a pas d'œuvre de génie qui ne demande une touche plus délicate ou qui n'ait été plus rarement exécutée avec succès. Que la *Crainte* et la *Terreur* soient les filles de Mars est juste, mais pourquoi Vénus est-elle leur mère * ? Que l'*Harmonie* soit la fille de Vénus se comprend, mais pourquoi Mars est-il son père ** ? Que le *Sommeil* soit le frère de la *Mort* se conçoit bien, mais pourquoi le faire amoureux de l'une des Grâces *** ? Et puisque les anciens mythologues tombent dans des fautes si grossières et si sensibles, nous n'avons sûrement pas de raison d'attendre d'eux ces allégories raffinées et soutenues que certains ont essayé de tirer de leurs fictions.

5. Lucrèce fut manifestement séduit par les fortes marques d'allégorie qu'on observe dans les fictions païennes. Il commence par s'adresser à Vénus, comme à

* Hésiode, *Théogonie*, v. 935-37.
** Hésiode, *Théogonie*, v. 936-37 ; Plutarque, *Vies parallèles*, « *Pélopidas* », 19, 2.
*** *Iliade*, chant XIV, v. 263 *sq*.

generating power, which animates, renews, and beautifies the universe ; but is soon betrayed by the mythology into incoherencies, while he prays to that allegorical personage to appease the furies of her lover Mars : an idea not drawn from allegory, but from the popular religion, and which Lucretius, as an Epicurean, could not consistently admit of.

6. The deities of the vulgar are so little superior to human creatures that, where men are affected with strong sentiments of veneration or gratitude for any hero or public benefactor, nothing can be more natural than to convert him into a god, and fill the heavens, after this manner, with continual recruits from among mankind. Most of the divinities of the ancient world are supposed to have once been men, and to have been beholden for their *apotheosis* to the admiration and affection of the people. The real history of their adventures, corrupted by tradition, and elevated by the marvellous, become a plentiful source of fable; especially in passing through the hands of poets, allegorists, and priests, who successively improved upon the wonder and astonishment of the ignorant multitude.

7. Painters too and sculptors came in for their share of profit in the sacred mysteries; and furnishing men with sensible representations of their divinities, whom they cloathed in human figures, gave great encrease to the public devotion, and determined its object. It was probably for want of these arts in rude and barbarous ages, that men deified plants, animals, and even brute, unorganized matter;

la puissance mère qui anime, renouvelle et embellit l'univers ; mais la mythologie le trahit bientôt et le conduit à des incohérences, lorsqu'il prie ce personnage allégorique d'apaiser les fureurs de Mars, son amant – idée qui n'est pas tirée de l'allégorie, mais qui vient de la religion populaire et que Lucrèce, en tant qu'épicurien, ne pouvait admettre sans inconsistance * [1].

6. Les divinités du vulgaire sont si peu supérieures aux créatures humaines que, lorsque les hommes ressentent un fort sentiment de vénération ou de gratitude envers un héros ou un bienfaiteur public, ils en font le plus naturellement du monde un dieu et remplissent les cieux de cette manière, en recrutant constamment parmi les hommes. La plupart des divinités du monde antique ont été, pense-t-on, des hommes à l'origine et elles sont redevables de leur apothéose à l'admiration et à l'affection du peuple. L'histoire réelle de leurs aventures, corrompue par la tradition et embellie par le merveilleux, a produit une quantité de fables, surtout en passant par les mains des poètes, des auteurs d'allégorie et des prêtres, qui les uns et les autres renchérirent sur l'étonnement et l'émerveillement de la multitude ignorante.

7. Peintres et sculpteurs faisaient aussi leur profit des mystères sacrés ; et en donnant aux hommes des représentations sensibles de leurs divinités qu'ils habillaient de formes humaines, ils accrurent considérablement la dévotion publique en lui donnant un objet déterminé. C'est sans doute à cause de l'absence de ces arts que, dans les âges grossiers et barbares, les hommes déifiaient les plantes, les animaux et même la matière brute inorganisée,

* Lucrèce, *De la nature*, liv. I, v. 1-40.

1. Ce *paragraphe est donné en note dans les éditions de 1757 à 1768.*

and rather than be without a sensible object of worship, affixed divinity to such ungainly forms. Could any statuary of Syria, in early times, have formed a just figure of Apollo, the conic stone, Heliogabalus, had never become the object of such profound adoration, and been received as a representation of the solar deity. *

8. Stilpo was banished by the council of Areopagus, for affirming that the Minerva in the citadel was no divinity ; but the workmanship of Phidias, the sculptor. ** What degree of reason must we expect in the religious belief of the vulgar in other nations, when Athenians and Areopagites could entertain such gross conceptions?

9. These then are the general principles of polytheism, founded in human nature, and little or nothing dependent on caprice and accident. As the *causes*, which bestow happiness or misery, are, in general, very little known and very uncertain, our anxious concern endeavours to attain a determinate idea of them, and finds no better expedient than to represent them as intelligent voluntary agents, like ourselves ; only somewhat superior in power and wisdom. The limited influence of these agents, and their great

---

* Herodian. lib. V. Jupiter Ammon is represented by Curtius as a deity of the same kind, lib. IV. cap. 7. The Arabians and Persinuntians adored also shapeless unformed stones as their deity. Arnob. lib. VI. So much did their folly exceed that of the Egyptians.

** Diod. Laert. lib. II.

et que, plutôt que de manquer d'un objet sensible de culte, ils divinisaient des formes aussi disgracieuses. Si en ces temps reculés, la Syrie avait eu un statuaire capable de donner une juste représentation d'Apollon, la pierre conique, Héliogabale, ne serait jamais devenue l'objet d'une adoration si profonde et n'aurait jamais été acceptée comme l'image du dieu soleil *.

8. Stilpon fut banni du conseil de l'Aréopage, parce qu'il affirmait que la Minerve qui était dans la citadelle n'était pas une divinité, mais l'œuvre du sculpteur Phidias **. Quel degré de raison nous faut-il espérer dans d'autres nations de la croyance religieuse populaire, quand les Athéniens et les Aréopagites pouvaient entretenir des idées aussi grossières ?

9. Tels sont donc les principes généraux du polythéisme, qui sont fondés dans la nature humaine ; le caprice et le hasard n'y ont point de part ou fort peu. Comme les *causes* dispensatrices du bonheur et du malheur sont en général très peu connues et très incertaines, notre esprit, habité d'une vive inquiétude, essaie de s'en faire une idée déterminée et ne trouve pas de meilleur moyen que de les représenter comme des agents intelligents et volontaires, qui sont à notre image, sauf par leur puissance et leur sagesse quelque peu supérieures. Comme ces agents ont une influence limitée, et que leur faiblesse est très

---

* Hérodien, *Histoire des successeurs de Marc-Aurèle*, V, 3, 3-5. Jupiter Ammon est représenté par Quinte-Curce comme une divinité du même ordre (*Histoires*, IV, 7, 23-4). Les Arabes et les Pessinontiens adoraient aussi comme leurs divinités des pierres informes et grossières. Arnobe, lib. VI, 496a [*Contre les Gentils*, liv. VI, 11]. Tant leur folie dépassait celle des Égyptiens !

** Diogène Laërce, *Vies, doctrines et sentences des philosophes illustres*, liv. II, chap. 11, « *Stilpon* ».

proximity to human weakness, introduce the various distribution and division of their authority, and thereby give rise to allegory. The same principles naturally deify mortals, superior in power, courage, or understanding, and produce hero-worship, together with fabulous history and mythological tradition, in all its wild and unaccountable forms. And as an invisible spiritual intelligence is an object too refined for vulgar apprehension, men naturally affix it to some sensible representation, such as either the more conspicuous parts of nature, or the statues, images, and pictures, which a more refined age forms of its divinities.

10. Almost all idolaters, of whatever age or country, concur in these general principles and conceptions; and even the particular characters and provinces, which they assign to their deities, are not extremely different. * The Greek and Roman travellers and conquerors, without much difficulty, found their own deities every where, and said : this is Mercury, that Venus; this Mars, that Neptune; by whatever title the strange gods might be denominated. The goddess Hertha of our Saxon ancestors seems to be no other, according to Tacitus, ** than the *Mater Tellus* of the Romans; and his conjecture was evidently just.

* See Caesar of the religion of the Gauls, De bello Gallico, lib. XI.
** De moribus Germ.

proche de la faiblesse humaine, il faut diviser et répartir diversement leur autorité, ce qui donne naissance à l'allégorie. Les mêmes principes déifient naturellement les mortels qui se signalent par leur puissance, leur courage ou leur intelligence, et produisent le culte des héros, mêlé aux histoires fabuleuses et aux traditions mythologiques, avec toutes leurs formes fantasques et bizarres. Et comme une intelligence spirituelle invisible est un objet trop subtil pour la compréhension commune, les hommes en viennent naturellement à la joindre à quelque représentation sensible : aux parties les plus remarquables de la nature, ou aux statues, images et peintures, qu'une époque plus raffinée forme de ses divinités.

10. Presque tous les idolâtres, de tous les temps et de tous les pays, se rencontrent dans ces principes et ces conceptions générales ; même les caractères et les juridictions particulières qu'ils assignent à leurs divinités, ne montrent pas de différence considérables *. Les voyageurs et les conquérants grecs ou romains retrouvaient partout sans grande difficulté leurs propres divinités et disaient : celui-ci est Mercure, celle-là est Vénus ; celui-ci est Mars et celui-là Neptune, quel que fût le titre qui désignait les dieux étrangers. La déesse Hertha de nos ancêtres saxons semble n'être, selon Tacite **, que la *Mater Tellus* des Romains ; et sa conjecture était manifestement juste.

---

* Voir ce que César dit de la religion des Gaulois (*La guerre des Gaules*, liv. VI, 16-17).

** Tacite, *La Germanie*, 40.

SECTION VI.
ORIGIN OF THEISM FROM POLYTHEISM

1. The doctrine of one supreme deity, the author of nature, is very ancient, has spread itself over great and populous nations, and among them has been embraced by all ranks and conditions of men. But whoever thinks that it has owed its success to the prevalent force of those invincible reasons on which it is undoubtedly founded, would show himself little acquainted with the ignorance and stupidity of the people, and their incurable prejudices in favour of their particular superstitions. Even at this day, and in Europe, ask any of the vulgar, why he believes in an omnipotent creator of the world : he will never mention the beauty of final causes, of which he is wholly ignorant; he will not hold out his hand and bid you contemplate the suppleness and variety of joints in his fingers, their bending all one way, the counterpoise which they receive from the thumb, the softness and fleshy parts of the inside of his hand, with all the other circumstances which render that member fit for the use to which it was destined. To these he has been long accustomed; and he beholds them with listlessness and unconcern. He will tell you of the sudden and unexpected death of such a one, the fall and bruise of such another, the excessive drought of this season, the cold and rains of another. These he ascribes to the immediate operation of providence; and such events as, with good reasoners, are the chief difficulties in admitting a supreme intelligence, are with him the sole arguments for it.

VI. NAISSANCE DU THÉISME À PARTIR
DU POLYTHÉISME

1. La doctrine d'une divinité suprême, auteur de la nature, est très ancienne et elle s'est répandue à travers de vastes nations très peuplées, où elle a été embrassée par tous les rangs et toutes les conditions. Mais qui penserait qu'elle a dû son succès à la force déterminante des invincibles raisons sur lesquelles elle est indubitablement fondée, se montrerait peu instruit de l'ignorance et de la stupidité du peuple, et de ses préjugés incurables en faveur de ses superstitions particulières. Même aujourd'hui et en Europe, demandez à un homme du peuple pourquoi il croit en un créateur du monde tout puissant : il ne mentionnera jamais la beauté des causes finales dont il est totalement ignorant ; il ne tendra pas sa main en vous invitant à contempler la souplesse et la variété des jointures de ses doigts, le fait qu'ils se plient tous du même côté, l'équilibre qu'ils reçoivent par l'opposition du pouce, la douceur et le caractère charnu de l'intérieur de la main, ainsi que toutes les autres circonstances qui rendent ce membre apte à l'usage auquel il est destiné. Il est accoutumé depuis longtemps à toutes ces choses et il les regarde avec inattention et indifférence. Mais il vous parlera de la mort soudaine et inattendue d'un tel, de la chute et des blessures d'un autre, de la sécheresse excessive d'une saison et de la rigueur et des pluies d'une autre. Il met tout cela au compte d'une opération immédiate de la providence ; et de tels événements qui, pour ceux qui raisonnent correctement, constituent les principaux obstacles à la reconnaissance d'une intelligence suprême, sont pour lui les seuls arguments en sa faveur.

2. Many theists, even the most zealous and refined, have denied a *particular* providence and have asserted that the Sovereign mind or first principle of all things, having fixed general laws by which nature is governed, gives free and uninterrupted course to these laws, and disturbs not, at every turn, the settled order of events by particular volitions. From the beautiful connexion, say they, and rigid observance of established rules, we draw the chief argument for theism, and from the same principles are enabled to answer the principal objections against it. But so little is this understood by the generality of mankind that, wherever they observe any one to ascribe all events to natural causes, and to remove the particular interposition of a deity, they are apt to suspect him of the grossest infidelity. *A little philosophy*, says lord Bacon, *makes men atheists : A great deal reconciles them to religion.* For men, being taught, by superstitious prejudices, to lay the stress on a wrong place, when that fails them and they discover, by a little reflection, that the course of nature is regular and uniform, their whole faith totters and falls to ruin. But being taught, by more reflection, that this very regularity and uniformity is the strongest proof of design and of a supreme intelligence, they return to that belief, which they had deserted; and they are now able to establish it on a firmer and more durable foundation.

3. Convulsions in nature, disorders, prodigies, miracles, though the most opposite to the plan of a wise superintendent, impress mankind with the strongest sentiments of religion;

2. Nombre de théistes, parmi les plus zélés et les plus distingués, ont nié l'existence d'une providence *particulière* et affirmé que l'Esprit souverain, ou le premier principe de toutes choses, après avoir fixé les lois générales qui gouvernent la nature, laisse ces lois suivre leur libre cours, sans en interrompre la marche, et ne modifie pas à tout instant l'ordre établi des événements, par des volontés particulières. C'est, disent-ils, le bel ordre et le respect rigide des règles établies, qui fournissent le principal argument en faveur du théisme ; ce sont ces mêmes principes qui nous rendent capables de répondre aux principales objections qui lui sont adressées. Mais la grande majorité des hommes saisissent si peu cet argument que, s'ils vous voient attribuer tous les événements à des causes naturelles et refuser l'interposition particulière d'une divinité, ils ont vite fait de vous soupçonner de l'infidélité la plus grossière. *Un peu de philosophie*, dit Lord Bacon, *rend les hommes athées, beaucoup de philosophie les réconcilie avec la religion*[1]. Car les hommes ayant appris de leurs préjugés superstitieux à mettre l'accent à la mauvaise place, quand ils perdent cet appui et qu'ils découvrent par un peu de réflexion que le cours de la nature est régulier et uniforme, toute leur foi chancelle et tombe en pièces. Mais, après avoir appris par des réflexions plus profondes que cette régularité et cette uniformité même sont la plus forte preuve d'un dessein et d'une intelligence suprême, ils reviennent à la croyance qu'ils avaient abandonnée, et ils sont alors capables de l'établir sur des fondements plus solides et plus durables.

3. Les convulsions de la nature, les désordres, les prodiges, les miracles sont certainement ce qu'il y a de plus contraire au plan d'un sage maître d'œuvre, ils inspirent pourtant aux hommes les plus forts sentiments religieux ;

1. Bacon, *Essais*, XVI, « *de l'athéisme* ».

the causes of events seeming then the most unknown and unaccountable. Madness, fury, rage, and an inflamed imagination, though they sink men nearest to the level of beasts, are, for a like reason, often supposed to be the only dispositions in which we can have any immediate communication with the Deity.

4. We may conclude, therefore, upon the whole, that, since the vulgar, in nations, which have embraced the doctrine of theism, still build it upon irrational and superstitious principles, they are never led into that opinion by any process of argument, but by a certain train of thinking, more suitable to their genius and capacity.

5. It may readily happen, in an idolatrous nation, that though men admit the existence of several limited deities, yet is there some one God whom, in a particular manner, they make the object of their worship and adoration. They may either suppose that, in the distribution of power and territory among the gods, their nation was subjected to the jurisdiction of that particular deity; or reducing heavenly objects to the model of things below, they may represent one god as the prince or supreme magistrate of the rest who, though of the same nature, rules them with an authority like that which an earthly sovereign exercises over his subjects and vassals. Whether this god, therefore, be considered as their peculiar patron, or as the general sovereign of heaven, his votaries will endeavour, by every art, to insinuate themselves into his favour; and supposing him to be pleased, like themselves, with praise and flattery, there is no eulogy or exaggeration, which will be spared in their addresses to him. In proportion as men's fears or distresses become more urgent, they still invent

car les causes de tels événements semblent les plus difficiles à connaître et à expliquer. Pour la même raison, la folie, la fureur, la rage, les écarts d'une imagination enflammée, choses qui ravalent les hommes au plus près du niveau des bêtes, sont souvent tenues pour les seules dispositions où nous puissions avoir une communication immédiate avec la divinité.

4. Ainsi, pour me résumer, puisque chez les nations qui ont embrassé le théisme le commun peuple construit encore cette doctrine sur des principes irrationnels et superstitieux, concluons que ce n'est jamais par voie d'argument qu'il parvient à une telle opinion, mais par un certain train de pensée plus conforme à son génie et à ses capacités.

5. Il peut aisément arriver dans une nation idolâtre que, tout en admettant l'existence de plusieurs divinités limitées, on en retienne une pour l'adorer et la vénérer d'une manière toute particulière ; soit qu'on s'imagine que dans le partage des pouvoirs et des territoires entre les dieux, cette nation a été soumise à la juridiction de cette divinité particulière ; soit que, réduisant les objets célestes au modèle des choses d'ici-bas, on se figure qu'un des dieux est le prince ou le magistrat suprême des autres et que, tout en ayant même nature, il les gouverne avec une autorité semblable à celle qu'un souverain terrestre exerce sur ses sujets et sur ses vassaux. Que ce dieu soit donc considéré comme un protecteur particulier ou comme le souverain général du ciel, ses adeptes essaieront par tous les moyens de s'insinuer dans ses faveurs ; et supposant qu'à leur image il aime la louange et la flatterie, ils ne lui épargneront aucun éloge ni aucune exagération dans leurs supplices. Plus ils sont pris de crainte ou accablés de détresse, et plus ils inventent

new strains of adulation; and even he who outdoes his predecessor in swelling up the titles of his divinity, is sure to be outdone by his successor in newer and more pompous epithets of praise. Thus they proceed, till at last they arrive at infinity itself, beyond which there is no farther progress. And it is well, if, in striving to get farther, and to represent a magnificent simplicity, they run not into inexplicable mystery and destroy the intelligent nature of their deity, on which alone any rational worship or adoration can be founded. While they confine themselves to the notion of a perfect being, the creator of the world, they coincide, by chance, with the principles of reason and true philosophy; though they are guided to that notion, not by reason, of which they are in a great measure incapable, but by the adulation and fears of the most vulgar superstition.

6. We often find, amongst barbarous nations, and even sometimes amongst civilized, that, when every strain of flattery has been exhausted towards arbitrary princes, when every human quality has been applauded to the utmost; their servile courtiers represent them, at last, as real divinities, and point them out to the people as objects of adoration. How much more natural, therefore, is it that a limited deity, who at first is supposed only the immediate author of the particular goods and ills in life, should in the end be represented as sovereign maker and modifier of the universe?

7. Even where this notion of a supreme deity is already established, though it ought naturally to lessen every other worship and abase every object of reverence, yet if a nation has entertained the opinion of a subordinate

de nouvelles sortes d'adulations ; et celui-là même qui surpasse ses devanciers dans l'art de gonfler les titres divins, est sûr d'être à son tour surpassé par ses successeurs qui découvriront des épithètes élogieuses encore plus neuves et plus pompeuses. Ainsi progressent-ils jusqu'à ce qu'ils arrivent enfin à l'infini lui-même, au-delà duquel il n'y a plus de progrès possible ; et tout est bien, si dans leurs tentatives pour aller plus loin et pour représenter une simplicité magnifique, ils ne se jettent pas dans des mystères inexplicables et ne détruisent pas la nature intelligente de leur divinité, sur laquelle seule peut reposer un culte ou une adoration rationnelle. Aussi longtemps qu'ils s'en tiennent à la notion d'un être parfait, créateur du monde, ils viennent d'aventure à s'accorder avec les principes de la raison et de la vraie philosophie, bien qu'ils soient menés à cette notion, non par la raison dont ils sont dans une grande mesure incapables, mais par les adulations et les craintes de la superstition la plus vulgaire.

6. On observe souvent chez les nations barbares, et même parfois chez les nations civilisées, qu'après avoir épuisé en faveur d'un despote arbitraire toute espèce de flatterie et exagéré plus que de raison toute qualité humaine, ses courtisans serviles finissent par le représenter comme un véritable dieu et par le désigner au peuple comme un objet d'adoration. Quoi de plus naturel alors qu'une divinité limitée, censée n'être d'abord que l'auteur immédiat des biens et des maux particuliers de la vie, finisse par être représentée comme l'être souverain qui a fabriqué l'univers et qui en modifie le cours ?

7. Là même où cette notion d'une divinité suprême est déjà établie, il semblerait qu'elle doive naturellement affaiblir tout autre culte et rabaisser tous les autres objets de piété ; toutefois, il arrive qu'une nation, caressant l'idée

tutelar divinity, saint, or angel, their addresses to that being gradually rise upon them and encroach on the adoration due to their supreme deity. The Virgin *Mary*, ere checked by the reformation, had proceeded, from being merely a good woman, to usurp many attributes of the Almighty : God and St. Nicholas go hand in hand, in all the prayers and petitions of the Muscovites.

8. Thus the deity who, from love, converted himself into a bull, in order to carry off Europa, and who, from ambition, dethroned his father, Saturn, became the Optimus Maximus of the heathens. Thus, the God of Abraham, Isaac, and Jacob, became the supreme deity or Jehovah of the Jews.

9. The Jacobins, who denied the immaculate conception, have ever been very unhappy in their doctrine, even though political reasons have kept the Romish church from condemning it. The Cordeliers have run away with all the popularity. But in the fifteenth century, as we learn from Boulainvilliers *, an Italian *Cordelier* maintained that, during the three days when Christ was interred, the hypostatic union was dissolved and that his human nature was not a proper object of adoration, during that period. Without the art of divination, one might foretel that so

* Histoire abrégée, p. 499.

d'une divinité tutélaire subordonnée, d'un saint ou d'un ange, se laisse dominer par les suppliques qu'elle adresse à cet être, au point qu'elles prennent le pas sur l'adoration qui est due à leur divinité suprême. La Vierge Marie, avant d'être mise en échec par la Réforme, était parvenue, du simple état de sainte femme, à usurper plus d'un attribut du Tout-Puissant; Dieu et Saint Nicolas vont main dans la main, dans toutes les prières et les demandes des Moscovites.

8. Ainsi la divinité qui par amour se transforma en taureau pour enlever Europe et qui par ambition détrôna son père Saturne, devint l'*Optimus Maximus* des païens. Ainsi le Dieu d'Abraham, d'Isaac et de Jacob devint le dieu suprême, le Jéhova des Juifs[1].

9. Les Jacobins, qui niaient l'immaculée conception, n'eurent jamais de succès dans leur doctrine, même si des raisons politiques empêchèrent l'église romaine de les condamner. Les Cordeliers s'attiraient toute la popularité. Mais au XVe siècle, comme nous l'apprenons de Boulainvilliers[*], un Cordelier italien soutint que pendant les trois jours où le Christ fut enseveli, l'union hypostatique fut dissoute, de sorte que sa nature humaine n'était pas pendant cette période un objet propre d'adoration. Pas besoin d'être devin pour prédire qu'un blasphème aussi

[*] Henri de Boulainvilliers, *Abrégé chronologique de l'histoire de France*, Paris 1733, 3 vol.

1. *Les éditions de 1757 à 1760 disent* : C'est ainsi que l'idée sublime suggérée par Moïse et les écrivains inspirés ne semble pas avoir empêché le commun des Juifs de concevoir l'Être suprême comme une simple divinité locale, comme un protecteur national. *Dans les épreuves remises au libraire, avant les corrections exigées, le passage était ainsi rédigé* : Ainsi la Divinité que les Juifs ne concevaient populairement que comme le Dieu d'Abraham, d'Isaac et de Jacob, devint leur Jehovah et le créateur du monde.

gross and impious a blasphemy would not fail to be anathematized by the people. It was the occasion of great insults on the part of the Jacobins, who now got some recompence for their misfortunes in the war about the immaculate conception.

10. Rather than relinquish this propensity to adulation, religionists, in all ages, have involved themselves in the greatest absurdities and contradictions.

11. Homer, in one passage, calls Oceanus and Tethys the original parents of all things, conformably to the established mythology and tradition of the Greeks; yet, in other passages, he could not forbear complimenting Jupiter, the reigning deity, with that magnificent appellation, and accordingly denominates him the father of gods and men. He forgets, that every temple, every street was full of the ancestors, uncles, brothers, and sisters of this Jupiter, who was in reality nothing but an upstart parricide and usurper. A like contradiction is observable in Hesiod and is so much the less excusable as his professed intention was to deliver a true genealogy of the gods.

12. Were there a religion (and we may suspect Mahometanism of this inconsistence) which sometimes painted the Deity in the most sublime colours, as the creator of heaven and earth, sometimes degraded him nearly to a level with human creatures in his powers and faculties, while at the same time it ascribed to him suitable

grossier et aussi impie ne manquerait pas d'être anathémisé par le peuple. Les Jacobins en profitèrent pour se livrer à de vives attaques et ils obtinrent alors quelques compensations en échange de leurs malheurs dans la guerre de l'immaculée conception [1].

10. Plutôt que de combattre ce penchant à l'adulation, les hommes de religion se sont jetés en tout temps dans les absurdités et les contradictions les plus grandes.

11. Dans un texte, Homère fait d'Océan et de Thétis les premiers parents de toutes choses, conformément à la mythologie et à la tradition établie des Grecs ; cependant, dans d'autres passages, il ne peut s'empêcher de louer Jupiter, la divinité régnante, de ce titre magnifique et le nomme de la sorte *père des dieux et des hommes*. Il oublie que chaque temple, chaque rue était pleine des ancêtres, des oncles, des frères et des sœurs de ce Jupiter qui en réalité n'était rien qu'un parricide et un usurpateur parvenu. Semblable contradiction se remarque chez HÉSIODE, une contradiction d'autant moins excusable que son intention déclarée était de dresser la véritable généalogie des dieux.

12. Supposez une religion (et nous pouvons suspecter la religion de Mahomet d'une telle inconsistance) qui tantôt peint la divinité sous les couleurs les plus sublimes, comme le créateur du ciel et de la terre, et qui tantôt la ravale presque au niveau des créatures humaines dans ses pouvoirs et ses facultés [2], sans oublier tout ce qui suit, les

1. *Ce paragraphe est donné en note dans les éditions de 1757 à 1768, après le mot* : Tout-Puissant, *du deuxième paragraphe précédent.*

2. *Dans les épreuves remises au libraire, avant les corrections exigées, ce membre de phrase phrase était ainsi rédigé* : et qui tantôt la ravale si bien au niveau des créatures humaines qu'elle la représente combattant avec un homme, se promenant dans la fraîcheur du soir, tournant le dos, et descendant du ciel pour s'informer de ce qui se passe sur terre ; sans oublier … (Genèse, 32, 25-30 ; Genèse, 3, 8 ; Exode, 33, 22-3 ; Exode, 33, 9-10).

infirmities, passions, and partialities, of the moral kind :
that religion, after it was extinct, would also be cited as
an instance of those contradictions which arise from the
gross, vulgar, natural conceptions of mankind, opposed to
their continual propensity towards flattery and exaggeration.
Nothing indeed would prove more strongly the divine
origin of any religion, than to find (and happily this is the
case with Christianity) that it is free from a contradiction
so incident to human nature.

SECTION VII.
CONFIRMATION OF THIS DOCTRINE

1. It appears certain that, though the original notions
of the vulgar represent the Divinity as a limited being and
consider him only as the particular cause of health or
sickness, plenty or want, prosperity or adversity, yet when
more magnificent ideas are urged upon them, they esteem
it dangerous to refuse their assent. Will you say that your
deity is finite and bounded in his perfections, may be
overcome by a greater force, is subject to human passions,
pains, and infirmities, has a beginning and may have an
end? This they dare not affirm; but thinking it safest to
comply with the higher encomiums, they endeavour, by
an affected ravishment and devotion, to ingratiate themselves
with him. As a confirmation of this, we may observe that
the assent of the vulgar is, in this case, merely verbal, and
that they are incapable of conceiving those sublime qualities
which they seemingly attribute to the Deity. Their real idea
of him, notwithstanding their pompous language, is still
as poor and frivolous as ever.

infirmités, les passions et les injustices d'espèce morale. Une telle religion, après sa disparition, sera aussi citée comme un exemple de ces contradictions qui naissent des conceptions grossières, vulgaires et naturelles des hommes, en opposition à leur perpétuel penchant à la flatterie et à l'exagération. En vérité, rien ne saurait prouver plus fortement l'origine divine d'une religion que de trouver (et c'est heureusement le cas du Christianisme) qu'elle échappe à une contradiction tenant de si près à la nature humaine.

VII. Confirmation de cette doctrine

1. Il apparaît certain que, quoique dans ses premières notions le vulgaire se représente la Divinité comme un être limité et ne l'envisage que comme la cause particulière de la santé ou de la maladie, de l'abondance ou du besoin, de la prospérité ou de l'adversité, cependant, quand on lui fait valoir de plus somptueuses idées, il estime dangereux de leur refuser son assentiment. Dira-t-il que son dieu est fini et limité dans ses perfections ; qu'il peut être vaincu par une force plus grande ; qu'il est sujet aux passions, aux souffrances et aux faiblesses humaines ; qu'il a un commencement et peut avoir une fin ? Cela, il n'ose l'affirmer, mais pensant que le plus sûr dans ses louanges est de se régler sur un ton plus élevé, il tente avec des transports et une dévotion feinte de s'insinuer dans les bonnes grâces de son dieu. Ajoutons, pour confirmer cette observation, que l'assentiment du vulgaire est alors purement verbal et qu'il lui est impossible de concevoir ces qualités sublimes qu'il fait semblant d'attribuer à la Divinité. L'idée réelle qu'il s'en fait reste, malgré son langage pompeux, plus pauvre et plus frivole que jamais.

2. That original intelligence, say the Magians, who is the first principle of all things, discovers himself *immediately* to the mind and understanding alone, but has placed the sun as his image in the visible universe; and when that bright luminary diffuses its beams over the earth and the firmament, it is a faint copy of the glory which resides in the higher heavens. If you would escape the displeasure of this divine being, you must be careful never to set your bare foot upon the ground, nor spit into a fire, nor throw any water upon it, even though it were consuming a whole city. * Who can express the perfections of the Almighty? say the Mahometans. Even the noblest of his works, if compared to him, are but dust and rubbish. How much more must human conception fall short of his infinite perfections? His smile and favour renders men for ever happy; and to obtain it for your children, the best method is to cut off from them, while infants, a little bit of skin, about half the breadth of a farthing. Take two bits of cloth **, say the *Roman catholics*, about an inch or an inch and a half square, join them by the corners with two strings or pieces of tape about sixteen inches long, throw this over your head, and make one of the bits of cloth lie upon your breast, and the other upon your back, keeping them next your skin : there is not a better secret for recommending yourself to that infinite Being, who exists from eternity to eternity.

* Hyde de Relig. veterum Persarum.
** Called the Scapulaire.

2. L'intelligence originelle, disent les Mages, ce premier principe de toutes choses, se découvre *immédiatement* à l'esprit, au seul entendement ; mais elle a placé le soleil comme son image dans l'univers visible ; et quand cet astre brillant répand ses rayons sur la terre et sur le firmament, il est la pâle copie de la gloire qui réside dans les sphères célestes supérieures. Si vous voulez ne pas encourir le déplaisir de cet être divin, vous devez faire attention à ne jamais poser votre pied nu sur le sol, à ne jamais cracher dans le feu et à ne pas jeter d'eau dessus, même s'il est en train de ravager une ville entière *. Qui peut exprimer les perfections du Tout-Puissant ? disent les Mahométans. Même la plus noble de ses œuvres n'est à ses côtés que poussière et rebut. Bien plus grande est encore la distance qui sépare toute conception humaine de ses perfections infinies ! Son sourire et ses faveurs rendent les hommes heureux à jamais ; mais si vous voulez les obtenir pour vos enfants, la meilleure méthode est de leur couper dans leur premier âge un petit morceau de peau, large comme la moitié d'un sou. Prenez deux morceaux de tissu **, disent les Catholiques Romains, d'environ un pouce, un pouce et demi au carré, joignez-les par les coins avec deux ficelles ou deux bouts de ruban, longs d'environ seize pouces, enfilez-les par la tête et faites en sorte que l'un des morceaux de tissu repose sur votre poitrine et l'autre sur votre dos, à même la peau : il n'y a pas de meilleur secret pour se recommander à l'Être infini, qui existe de toute éternité.

---

* Thomas Hyde, *Historia religionis veterum Persarum, eorumque Magorum ; Zoroastris vita, etc.*, Oxford, 1700.
    ** Appelé le scapulaire.

3. The Getes, commonly called immortal, from their steady belief of the soul's immortality, were genuine theists and unitarians. They affirmed Zamolxis, their deity, to be the only true god; and asserted the worship of all other nations to be addressed to mere fictions and chimeras. But were their religious principles any more refined, on account of these magnificent pretensions? Every fifth year they sacrificed a human victim, whom they sent as a messenger to their deity, in order to inform him of their wants and necessities. And when it thundered, they were so provoked that, in order to return the defiance, they let fly arrows at him, and declined not the combat as unequal. Such at least is the account which Herodotus gives of the theism of the immortal Getes. *

SECTION VIII.
FLUX AND REFLUX OF POLYTHEISM AND THEISM

1. It is remarkable that the principles of religion have a kind of flux and reflux in the human mind, and that men have a natural tendency to rise from idolatry to theism, and to sink again from theism into idolatry. The vulgar, that is, indeed, all mankind, a few excepted, being ignorant and uninstructed, never elevate their contemplation to the heavens, or penetrate by their disquisitions into the secret structure of vegetable or animal bodies; so far as to discover a supreme mind or original providence which bestowed order on every part of nature. They consider

* Lib. IV.

3. Les Gètes, qu'on nommait communément *les immortels*, à cause de leur ferme croyance en l'immortalité de l'âme, étaient de purs théistes et de purs unitaires. Ils affirmaient que Zalmoxis, leur divinité, était le seul vrai dieu et ils soutenaient que le culte de toutes les autres nations s'adressait à de simples fictions ou chimères. Mais leurs principes religieux étaient-ils plus raffinés, à considérer ces magnifiques prétentions ? Tous les cinq ans, ils sacrifiaient une victime humaine qu'ils envoyaient en messagère à leur divinité, afin de l'informer de leurs désirs et de leurs besoins. Et quand il tonnait, ils étaient si irrités contre elle que, pour relever le défi, ils lui jetaient des flèches et ne refusaient pas le combat comme inégal. Tel est du moins ce que Hérodote nous rapporte du théisme des Gètes immortels *.

VIII. FLUX ET REFLUX DU POLYTHÉISME ET DU THÉISME

1. C'est une chose remarquable que les principes de la religion suivent une sorte de flux et de reflux dans l'esprit humain et que les hommes ont une tendance naturelle à s'élever de l'idolâtrie au théisme, puis à sombrer de nouveau du théisme dans l'idolâtrie. Le vulgaire, en vérité tous les hommes à quelques exceptions près, faute de connaissance et d'instruction, n'élèvent jamais leur contemplation jusqu'aux cieux ni ne pénètrent par leurs recherches dans la structure secrète des corps végétaux et animaux, au point de découvrir un esprit suprême et une providence originelle qui ordonne toutes les parties de la nature. Ils considèrent

---

* Hérodote, *Histoires*, liv. IV, 94.

these admirable works in a more confined and selfish view; and finding their own happiness and misery to depend on the secret influence and unforeseen concurrence of external objects, they regard, with perpetual attention, the *unknown causes*, which govern all these natural events, and distribute pleasure and pain, good and ill, by their powerful, but silent, operation. The unknown causes are still appealed to on every emergence; and in this general appearance or confused image, are the perpetual objects of human hopes and fears, wishes and apprehensions. By degrees, the active imagination of men, uneasy in this abstract conception of objects, about which it is incessantly employed, begins to render them more particular, and to clothe them in shapes more suitable to its natural comprehension. It represents them to be sensible, intelligent beings, like mankind; actuated by love and hatred, and flexible by gifts and entreaties, by prayers and sacrifices. Hence the origin of religion, and hence the origin of idolatry or polytheism.

2. But the same anxious concern for happiness, which begets the idea of these invisible, intelligent powers, allows not mankind to remain long in the first simple conception of them as powerful, but limited beings; masters of human fate, but slaves to destiny and the course of nature. Men's exaggerated praises and compliments still swell their idea upon them; and elevating their deities to the utmost bounds of perfection, at last beget the attributes of unity and infinity, simplicity and spirituality. Such refined ideas, being somewhat disproportioned to vulgar comprehension,

ces œuvres admirables d'une façon plus étroite et plus intéressée ; et découvrant que leur propre bonheur ou leur propre malheur dépend de l'influence secrète et du concours imprévu des objets extérieurs, ils scutent avec une attention perpétuelle les *causes inconnues* qui gouvernent tous ces événements naturels et qui distribuent les plaisirs et les peines, les biens et les maux, par une opération efficace, mais silencieuse. Ces causes inconnues sont encore invoquées à toute occasion ; et sous cette apparence générale, sous cette image confuse, elles sont les perpétuels objets des espérances et des craintes des hommes, de leurs souhaits et de leurs appréhensions. Par degrés, l'imagination, ne cessant de s'activer et peu à l'aise dans cette saisie abstraite des objets qui l'occupent sans cesse, commence à les préciser et à les habiller avec des formes qui conviennent mieux à sa compréhension naturelle. Elle les représente comme des êtres sensibles et intelligents, semblables aux hommes, mus par l'amour et par la haine et se laissant fléchir par des offrandes, des supplications, des prières et des sacrifices. De là l'origine de la religion ; et de là l'origine de l'idolâtrie ou du polythéisme.

2. Mais ce même désir inquiet du bonheur qui engendre l'idée de telles puissances invisibles et intelligentes ne permet pas aux hommes d'en rester longtemps à cette première et simple représentation, où les dieux sont des êtres puissants mais limités, maîtres de la destinée humaine mais esclaves du destin et du cours de la nature. À grand renfort de louanges et de compliments, ils ne cessent de gonfler les notions qu'ils s'en font et, élevant leurs divinités jusqu'aux limites extrêmes de la perfection, ils engendrent enfin les attributs d'unité et d'infinité, de simplicité et de spiritualité. Des notions si raffinées, sans proportion véritable avec les capacités intellectuelles communes,

remain not long in their original purity, but require to be supported by the notion of inferior mediators or subordinate agents, which interpose between mankind and their supreme deity. These demi-gods or middle beings, partaking more of human nature, and being more familiar to us, become the chief objects of devotion, and gradually recall that idolatry which had been formerly banished by the ardent prayers and panegyrics of timorous and indigent mortals. But as these idolatrous religions fall every day into grosser and more vulgar conceptions, they at last destroy themselves, and, by the vile representations which they form of their deities, make the tide turn again towards theism. But so great is the propensity, in this alternate revolution of human sentiments, to return back to idolatry, that the utmost precaution is not able effectually to prevent it. And of this, some theists, particularly the Jews and Mahometans, have been sensible; as appears by their banishing all the arts of statuary and painting and not allowing the representations, even of human figures, to be taken by marble or colours; lest the common infirmity of mankind should thence produce idolatry. The feeble apprehensions of men cannot be satisfied with conceiving their deity as a pure spirit and perfect intelligence; and yet their natural terrors keep them from imputing to him the least shadow of limitation and imperfection. They fluctuate between these opposite sentiments. The same infirmity still drags them downwards, from an omnipotent and spiritual deity, to a limited and corporeal one, and from a corporeal and limited deity to a statue or visible representation. The same endeavour at elevation

ne conservent pas longtemps leur pureté d'origine, mais demandent à être soutenues : il faut introduire l'idée de médiateurs inférieurs ou d'agents subordonnés, qui s'interposent entre les hommes et leur divinité suprême. Ces demi-dieux ou ces êtres intermédiaires qui participent davantage de la nature humaine et qui nous sont plus familiers, deviennent les principaux objets de la dévotion et peu à peu rappellent cette idolâtrie qui avait été auparavant bannie par les ardentes prières et les panégyriques enflammés des mortels craintifs et démunis. Mais comme ces religions idolâtres tombent chaque jour dans des conceptions plus grossières et plus viles, elles se détruisent à la fin elles-mêmes, et la bassesse des représentations qu'elles forment de leurs divinités conduit à renverser le mouvement vers le théisme. Mais si grande est la tendance à revenir à l'idolâtrie, dans ces révolutions successives des sentiments humains, que les plus grandes précautions ne sont pas capables de la prévenir efficacement. Quelques théistes ont été sensibles à cette difficulté, surtout les Juifs et les Mahométans, comme en témoignent leur interdiction de tous les arts plastiques, sculpture et peinture, et leur prohibition de toute représentation, même des formes humaines, dans le marbre ou par les couleurs, de peur que la commune infirmité des hommes n'engendre ainsi l'idolâtrie. D'un côté, les hommes n'ont pas l'esprit assez fort pour se contenter de concevoir leur divinité comme un pur esprit et une intelligence parfaite ; de l'autre côté, sous l'emprise de leurs terreurs naturelles, ils se gardent de lui attribuer la moindre marque de limitation ou d'imperfection. Ils flottent entre ces sentiments opposés. La même faiblesse les tire toujours vers le bas, d'une divinité omnipotente et spirituelle vers une divinité corporelle et limitée, et de là à une statue ou à une représentation visible. Le même effort d'élévation

still pushes them upwards, from the statue or material image to the invisible power; and from the invisible power to an infinitely perfect deity, the creator and sovereign of the universe.

SECTION IX.
COMPARISON OF THESE RELIGIONS, WITH REGARD TO PERSECUTION AND TOLERATION

1. Polytheism or idolatrous worship, being founded entirely in vulgar traditions, is liable to this great inconvenience that any practice or opinion, however barbarous or corrupted, may be authorized by it; and full scope is given for knavery to impose on credulity, till morals and humanity be expelled from the religious systems of mankind. At the same time, idolatry is attended with this evident advantage that, by limiting the powers and functions of its deities, it naturally admits the gods of other sects and nations to a share of divinity, and renders all the various deities, as well as rites, ceremonies, or traditions, compatible with each other. * Theism is opposite both in its advantages and disadvantages. As that system supposes one sole deity, the perfection of reason and goodness,

---

* Verrius Flaccus, cited by Pliny, lib. XXVIII. cap. 2, affirmed that it was usual for the Romans, before they laid siege to any town, to invoke the tutelar deity of the place, and by promising him greater honours than those he at present enjoyed, bribe him to betray his old friends and votaries. The name of the tutelar deity of Rome was for this reason kept a most religious mystery; lest the enemies of the republic should be able, in the same manner, to draw him over to their service. For without the name, they thought, nothing of that kind could be practised. Pliny says that the common form of invocation was preserved to his time in the ritual of the pontifs. And Macrobius has transmitted a copy of it from the secret things of Sammonicus Serenus.

les pousse toujours vers le haut, d'une statue ou d'une image matérielle à une puissance invisible, et de là à un dieu infiniment parfait, créateur et souverain de l'univers.

IX. COMPARAISON DE CES RELIGIONS :
PERSÉCUTION ET TOLÉRANCE

1. Le polythéisme, ou le culte idolâtre, n'étant fondé que sur des traditions populaires, a un grand inconvénient, celui d'autoriser toute espèce de pratique ou d'opinion, quelque barbare et corrompue qu'elle soit ; et la fourberie se donne toute liberté d'en imposer à la crédulité, jusqu'à chasser la moralité et les sentiments d'humanité des systèmes religieux des hommes. En même temps, l'idolâtrie s'accompagne de cet avantage évident qu'en limitant les pouvoirs et les fonctions de ses divinités elle admet naturellement que les dieux des autres sectes et des autres nations aient une part de divinité, et elle met d'accord les diverses divinités aussi bien que les rites, les cérémonies et les traditions *. Le théisme est à l'opposé à la fois par ses avantages et par ses désavantages. Comme ce système suppose une divinité unique, qui est raison et bonté parfaites,

---

* Verrius Flacus, cité par Pline (*Histoire naturelle*, liv. XXVIII, 3, 18), affirmait que les Romains, avant de faire le siège d'une ville, avaient coutume d'invoquer la divinité tutélaire de cette place et de la soudoyer en lui promettant des honneurs plus grands que ceux dont elle jouissait au moment, afin qu'elle trahisse ses anciens amis et adeptes. Le nom de la divinité tutélaire de Rome était pour cette raison gardé dans le plus grand mystère religieux, de peur que les ennemis de la République ne puissent de la même façon l'attirer à leur service. Car, sans le nom, pensaient-ils, rien de ce genre ne pouvait se faire. Pline dit que la formule ordinaire d'invocation fut conservée jusqu'à son époque, dans le rituel des pontifes. Et Macrobe en a transmis une copie tirée des secrets de Sammonicus Serenus [*Saturnales*, liv. III, 9].

it should, if justly prosecuted, banish every thing frivolous, unreasonable, or inhuman from religious worship, and set before men the most illustrious example, as well as the most commanding motives, of justice and benevolence. These mighty advantages are not indeed over-balanced (for that is not possible), but somewhat diminished by inconveniencies which arise from the vices and prejudices of mankind. While one sole object of devotion is acknowledged, the worship of other deities is regarded as absurd and impious. Nay, this unity of object seems naturally to require the unity of faith and ceremonies, and furnishes designing men with a pretence for representing their adversaries as profane and the objects of divine as well as human vengeance. For as each sect is positive that its own faith and worship are entirely acceptable to the deity, and as no one can conceive that the same being should be pleased with different and opposite rites and principles, the several sects fall naturally into animosity, and mutually discharge on each other that sacred zeal and rancour, the most furious and implacable of all human passions.

2. The tolerating spirit of idolaters, both in ancient and modern times, is very obvious to any one who is the least conversant in the writings of historians or travellers. When the oracle of Delphi was asked what rites or worship was most acceptable to the gods? Those which are legally established in each city, replied the oracle. * Even priests, in those ages, could, it seems, allow salvation to those of a different communion. The Romans commonly

---

* Xenoph. Memor. lib. II.

il devrait, s'il était suivi exactement, bannir du culte religieux toute chose frivole, déraisonnable et inhumaine, et représenter aux hommes l'exemple le plus magnifique et les motifs les plus impérieux de justice et de bienveillance. Ces avantages considérables sont à la vérité non pas contrebalancés (car ce n'est pas possible), mais en quelque sorte diminués par les inconvénients qui naissent des vices et des préjugés des hommes. Reconnaître un unique objet de dévotion conduit à tenir pour absurde et impie le culte des autres divinités. Qui plus est, cette unité d'objet semble naturellement requérir l'unité de la foi et des cérémonies, et donne aux intrigants un faux prétexte pour accuser leurs adversaires d'impiété et les vouer à la vengeance divine aussi bien qu'humaine. Car, comme chaque secte affirme avec assurance que sa propre foi et son propre culte font l'entier agrément de la divinité, et comme personne ne peut concevoir que le même être puisse se plaire à des rites et des principes différents et opposés, les divers partis s'animent naturellement les uns contre les autres et déchargent sur l'adversaire cette rancœur et ce zèle sacrés qui constituent les plus furieuses et les plus implacables des passions humaines.

2. L'esprit tolérant des idolâtres dans l'Antiquité, mais aussi dans les temps modernes, ne fait aucun doute pour quiconque a la moindre familiarité avec les écrits des historiens ou des voyageurs. Quand on demanda à l'oracle de Delphes : quels sont les rites ou le culte le plus agréable aux dieux ?, il répondit : celui qui est légalement établi dans chaque cité *. Dans ces temps-là même les prêtres, à ce qu'il semble, ne refusaient pas le salut aux adeptes d'une communion différente. Les Romains avaient coutume

---

* *Les Mémorables*, liv. I, 3, 1.

adopted the gods of the conquered people and never disputed the attributes of those local and national deities in whose territories they resided. The religious wars and persecutions of the Egyptian idolaters are indeed an exception to this rule, but are accounted for by ancient authors from reasons singular and remarkable. Different species of animals were the deities of the different sects among the Egyptians; and the deities, being in continual war, engaged their votaries in the same contention. The worshippers of dogs could not long remain in peace with the adorers of cats or wolves. * But where that reason took not place, the Egyptian superstition was not so incompatible as is commonly imagined; since we learn from Herodotus, ** that very large contributions were given by Amasis towards rebuilding the temple of Delphi.

3. The intolerance of almost all religions which have maintained the unity of God, is as remarkable as the contrary principle of polytheists. The implacable narrow spirit of the Jews is well known. Mahometanism set out with still more bloody principles and, even to this day, deals out damnation, though not fire and faggot, to all other sects. And if, among Christians, the English and Dutch have embraced the principles of toleration, this singularity has proceeded from the steady resolution of the civil magistrate, in opposition to the continued efforts of priests and bigots.

---

* Plutarch. de Isid. & Osiride.
** Lib. II. sub fine.

d'adopter les dieux des peuples conquis et ne discutaient jamais les attributs des divinités locales et nationales, sur les territoires desquelles ils résidaient. Les guerres et les persécutions religieuses des idolâtres de l'Égypte sont à la vérité une exception à cette règle ; mais les auteurs anciens en donnent des raisons particulières et remarquables. Chez les Égyptiens, les différentes sectes avaient pris pour divinités diverses espèces d'animaux ; et ces divinités étant toujours en guerre, elles entraînaient leurs adeptes dans le même conflit. Les adorateurs des chiens ne pouvaient rester longtemps en paix auprès des adorateurs des chats et des loups *. Mais là où cette raison ne jouait pas, la superstition égyptienne ne se montrait pas aussi exclusive qu'on l'imagine habituellement, puisque Hérodote ** nous apprend qu'Amasis contribua très largement à la reconstruction du temple de Delphes.

3. L'intolérance de presque toutes les religions qui ont professé un Dieu unique, est aussi remarquable que le principe contraire des polythéistes. L'esprit étroit et implacable des Juifs est bien connu. La religion mahométane débuta sur des principes encore plus sanguinaires ; et même aujourd'hui elle condamne toutes les autres sectes à la damnation, à défaut du feu et du bûcher. Et si chez les Chrétiens, les Anglais et les Hollandais ont embrassé les principes de la tolérance, cette singularité a eu pour origine la détermination des magistrats civils, qui se sont opposés aux efforts répétés des prêtres et des bigots.

---

* Plutarque, *Œuvres morales*, « *Isis et Osiris* », chap. 72, 380b.

** Hérodote, *Histoires*, liv. II, 180.

4. The disciples of Zoroaster shut the doors of heaven against all but the Magians. * Nothing could more obstruct the progress of the Persian conquests, than the furious zeal of that nation against the temples and images of the Greeks. And after the overthrow of that empire we find Alexander, as a polytheist, immediately re-establishing the worship of the Babylonians, which their former princes, as monotheists, had carefully abolished. ** Even the blind and devoted attachment of that conqueror to the Greek superstition hindered not but he himself sacrificed according to the Babylonish rites and ceremonies. ***

5. So sociable is polytheism that the utmost fierceness and antipathy, which it meets with in an opposite religion, is scarcely able to disgust it and keep it at a distance. Augustus praised extremely the reserve of his grandson, Caius Caesar, when this latter prince, passing by Jerusalem, deigned not to sacrifice according to the Jewish law. But for what reason did Augustus so much approve of this conduct? Only, because that religion was by the Pagans esteemed ignoble and barbarous. ****

6. I may venture to affirm, that few corruptions of idolatry and polytheism are more pernicious to society than this corruption of theism, ***** when carried to the utmost height. The human sacrifices of the

---

* Hyde de Relig. vet. Persarum.
** Arrian. de Exped. lib. III. Id. lib. VII.
*** *Ibid.*
**** Sueton. in vita Aug. cap. 93.
***** *Corruptio optimi pessima.*

4. Les disciples de Zoroastre fermaient les portes du ciel à tout autre qu'aux Mages *. Rien ne pouvait gêner davantage le progrès des conquêtes perses que le zèle furieux de cette nation contre les temples et les images des Grecs. Et après le renversement de cet empire nous voyons Alexandre, qui était polythéiste, rétablir immédiatement le culte des Babyloniens, que leurs maîtres précédents, monothéistes, avaient soigneusement aboli **. Même l'attachement fervent et aveugle de ce conquérant à la superstition grecque ne l'empêcha pas de sacrifier lui-même selon les rites et les cérémonies babyloniennes ***.

5. Si sociable est le polythéisme que les fureurs et les noirceurs, même les plus extrêmes, qu'il rencontre dans une religion adverse, ne suffisent pas à le dégoûter et à le tenir à distance. Auguste loua vivement la réserve de son petit fils Caius César, quand ce dernier prince, passant à Jérusalem, ne daigna pas sacrifier selon la loi juive. Mais pour quelle raison Auguste approuva-t-il tant cette conduite ? Seulement parce que les Païens jugeaient ignoble et barbare cette religion ****.

6. J'ose affirmer que peu de corruptions de l'idolâtrie et du polythéisme sont plus dangereuses pour la société, que cette corruption du théisme *****, quand elle est portée à sa plus grande extrémité. Les sacrifices humains des

---

* Hyde, (*Historia religionis veterum Persarum*).

** Arrien, *L'anabase d'Alexandre*, liv. III, 16, 4 ; liv. VII, 17, 1 *sq.*).

*** *Ibid.*

**** Suétone, *Vie des douze Césars*, « *Auguste* », chap. 93.

***** *Corruptio optimi pessima* [la corruption du meilleur est la pire des corruptions].

Carthaginians, Mexicans, and many barbarous nations, *
scarcely exceed the inquisition and persecutions of Rome
and Madrid. For besides that the effusion of blood may
not be so great in the former case as in the latter; besides
this, I say, the human victims, being chosen by lot, or by
some exterior signs, affect not, in so considerable a degree,
the rest of the society. Whereas virtue, knowledge, love
of liberty, are the qualities which call down the fatal
vengeance of inquisitors; and when expelled, leave the
society in the most shameful ignorance, corruption, and
bondage. The illegal murder of one man by a tyrant is more
pernicious than the death of a thousand by pestilence,
famine, or any undistinguishing calamity.

7. In the temple of Diana at Aricia near Rome, whoever
murdered the present priest, was legally entitled to be
installed his successor. ** A very singular institution! For,
however barbarous and bloody the common superstitions
often are to the laity, they usually turn to the advantage of
the holy order.

---

* Most nations have fallen into this guilt of human sacrifices;
though, perhaps, that impious superstition has never prevailed very
much in any civilized nation, unless we except the Carthaginians. For
the Tyrians soon abolished it. A sacrifice is conceived as a present; and
any present is delivered to their deity by destroying it and rendering it
useless to men; by burning what is solid, pouring out the liquid, and
killing the animate. For want of a better way of doing him service, we
do ourselves an injury; and fancy that we thereby express, at least, the
heartiness of our good-will and adoration. Thus our mercenary devotion
deceives ourselves, and imagines it deceives the deity.

** Strabo, lib. V. Sueton. in vita Cal.

Carthaginois, des Mexicains et de maintes nations barbares *
ne sont guère pires que l'inquisition et les persécutions de
Rome et de Madrid. Car, outre le fait qu'il n'y a peut-être
pas autant de sang répandu dans le premier cas que dans
le second, outre ce fait, dis-je, les victimes humaines, étant
choisies par tirage au sort ou par quelque signe extérieur,
ne concernent pas si fort le reste de la société, alors que
la vertu, le savoir, l'amour de la liberté sont les qualités
qui appellent la vengeance fatale des inquisiteurs et qui,
une fois chassées, laissent la société dans l'ignorance, la
corruption et l'esclavage le plus honteux. Le meurtre illégal
d'un homme par un tyran est plus pernicieux que la mort
de mille, exterminés par la peste, la famine ou quelque
fléau sans discernement.

7. Celui qui, dans le temple de Diane, situé à Aricie
près de Rome, tuait le prêtre en fonction avait légalement
le droit d'être installé comme son successeur **. Une très
singulière institution ! Car si barbares et sanguinaires pour
les laïcs que soient d'ordinaire les superstitions, elles
tournent habituellement à l'avantage de l'ordre sacré.

---

* La plupart des nations se sont rendues coupables de sacrifices
humains, quoique cette superstition impie ne se soit peut-être jamais
vraiment imposée dans aucune nation civilisée, si l'on excepte les
Carthaginois. Car les Tyriens l'abolirent rapidement. Un sacrifice est
conçu comme un présent, et faire présent d'une chose à la divinité, c'est
la détruire et la rendre inutile aux hommes : on brûle ce qui est solide,
on renverse ce qui est liquide et on tue ce qui est animé. Faute d'un
meilleur moyen de la servir, nous nous desservons nous-mêmes et, de
la sorte, nous croyons lui donner des marques de notre bonne volonté et
de notre adoration. Aisni notre dévotion mercenaire nous abuse nous-
mêmes et s'imagine tromper la divinité.

** Strabon, *Géographie*, liv. V, 3, 12. Suétone, *Vie des douze
Césars*, « *Caligula* » 35, 6.

SECTION X.
WITH REGARD TO COURAGE OR ABASEMENT

1. From the comparison of theism and idolatry, we may form some other observations, which will also confirm the vulgar observation, that the corruption of the best things gives rise to the worst.

2. Where the deity is represented as infinitely superior to mankind, this belief, though altogether just, is apt, when joined with superstitious terror, to sink the human mind into the lowest submission and abasement, and to represent the monkish virtues of mortification, penance, humility, and passive suffering, as the only qualities which are acceptable to him. But where the gods are conceived to be only a little superior to mankind, and to have been, many of them, advanced from that inferior rank, we are more at our ease in our addresses to them, and may even, without profaneness, aspire sometimes to a rivalship and emulation of them. Hence activity, spirit, courage, magnanimity, love of liberty, and all the virtues which aggrandize a people.

3. The heroes in paganism correspond exactly to the saints in popery and holy dervises in Mahometanism. The place of Hercules, Theseus, Hector, Romulus, is now supplied by Dominic, Francis, Anthony, and Benedict. Instead of the destruction of monsters, the subduing of tyrants, the defence of our native country, whippings and fastings, cowardice and humility, abject submission and slavish obedience, are become the means of obtaining celestial honours among mankind.

4. One great incitement to the pious Alexander in his warlike expeditions was his rivalship of Hercules

X. COMPARAISON DE CES RELIGIONS :
COURAGE ET HUMILITÉ

1. De cette comparaison du théisme et de l'idolâtrie, nous pouvons tirer d'autres observations, qui confirmeront encore l'observation commune, que la corruption des meilleures choses engendre les pires.

2. Croire en une divinité qu'on représente infiniment supérieure aux hommes est parfaitement juste ; toutefois, une telle croyance, si elle se joint à des terreurs superstitieuses, est propre à plonger l'esprit humain dans la soumission et l'abaissement le plus vil, et à lui faire regarder les vertus monacales de mortification, de pénitence, d'humilité et de souffrance passive, comme les seules qualités qui soient agréables à Dieu. Mais là où les dieux sont considérés comme des êtres à peine supérieurs aux hommes et, pour beaucoup, issus de ce rang inférieur, on se sent plus à l'aise dans ses prières ; on peut même quelquefois, et sans impiété, aspirer à en devenir les rivaux et les émules. De là l'activité, l'ardeur, le courage, la magnanimité, l'amour de la liberté, et toutes les vertus qui élèvent un peuple.

3. Les héros du paganisme correspondent exactement aux saints du papisme et aux saints derviches de la religion mahométane. À la place d'Hercule, de Thésée, d'Hector, de Romulus, nous avons maintenant Dominique, François, Antoine et Benoît. Au lieu de la destruction des monstres, de la lutte contre la tyrannie, de la défense de la patrie, nous avons les flagellations et les jeûnes, la lâcheté et l'humilité, la soumission abjecte et l'obéissance servile, dignes moyens d'obtenir les honneurs célestes chez les hommes.

4. Les expéditions guerrières du pieux Alexandre furent grandement motivées par sa rivalité avec Hercule

and Bacchus, whom he justly pretended to have excelled. *
Brasidas, that generous and noble Spartan, after falling in
battle, had heroic honours paid him by the inhabitants of
Amphipolis, whose defence he had embraced. ** And in
general, all founders of states and colonies among the
Greeks were raised to this inferior rank of divinity, by
those who reaped the benefit of their labours.

5. This gave rise to the observation of Machiavel, ***
that the doctrines of the Christian religion (meaning the
catholic; for he knew no other) which recommend only
passive courage and suffering, had subdued the spirit of
mankind, and had fitted them for slavery and subjection.
An observation, which would certainly be just, were there
not many other circumstances in human society which
controul the genius and character of a religion.

6. Brasidas seized a mouse, and being bit by it, let it
go. *There is nothing so contemptible*, said he, *but what
may be safe, if it has but courage to defend itself.* ****
Bellarmine patiently and humbly allowed the fleas and
other odious vermin to prey upon him. *We shall have
heaven*, said he, *to reward us for our sufferings, but these
poor creatures have nothing but the enjoyment of the
present life.* ***** Such difference is there between the
maxims of a Greek hero and a Catholic saint.

* Arrian, passim.
** Thucyd. lib. V.
*** Discorsi, lib. VI.
**** Plut. Apopth.
***** Bayle, Article Bellarmine.

et Bacchus, qu'il prétendait à juste titre avoir surpassés *. Brasidas, ce généreux et noble Spartiate, après sa mort en pleine bataille, reçut des habitants d'Amphipolis dont il avait embrassé la défense, les honneurs d'un héros **. Et en règle générale, tous les fondateurs d'États et de colonies furent chez les Grecs élevés à ce rang de divinités inférieures, par ceux qui recueillaient le fruit de leurs travaux.

5. C'est ce qui fit dire à Machiavel *** que les doctrines de la religion chrétienne (c'est-à-dire de la religion catholique, car il n'en connaissait pas d'autre), en ne prêchant que la souffrance et le courage passifs, avaient abattu l'esprit des hommes et les avaient préparés à l'esclavage ou à la soumission. Cette observation serait certainement juste, s'il n'y avait pas, dans la société humaine, beaucoup d'autres circonstances qui règlent le génie et le caractère d'une religion.

6. Brasidas, mordu par une souris qu'il avait attrapée, la laissa aller. *Il n'y a point d'être si méprisable*, dit-il, *qui ne puisse avoir la vie sauve, s'il a le courage de se défendre lui-même* ****. Bellarmin se laissait dévorer avec patience et humilité par les puces et par toutes sortes de parasites détestables. *Nous aurons le ciel*, disait-il, *pour nous récompenser de nos souffrances ; mais ces pauvres créatures n'ont que les plaisirs de la vie présente* *****. Telle est la différence entre les maximes d'un héros grec et celles d'un saint catholique.

---

* Arrien, *L'anabase d'Alexandre*, passim.

** Thucydide, *La guerre du Péloponèse*, liv. V, 11, 1.

*** Machiavel, *Discours sur la première décade de Tite-Live*, liv. II, chap. 2.

**** Plutarque *Œuvres morales, Apophtegmes*, « Brasidas », 1.

***** Bayle, *Dictionnaire historique et critique*, article « Bellarmin » *in fine* et note Z.

SECTION XI.
WITH REGARD TO REASON OR ABSURDITY

1. Here is another observation to the same purpose, and a new proof that the corruption of the best things begets the worst. If we examine, without prejudice, the ancient heathen mythology, as contained in the poets, we shall not discover in it any such monstrous absurdity as we may at first be apt to apprehend. Where is the difficulty in conceiving that the same powers or principles, whatever they were, which formed this visible world, men and animals, produced also a species of intelligent creatures, of more refined substance and greater authority than the rest? That these creatures may be capricious, revengeful, passionate, voluptuous, is easily conceived; nor is any circumstance more apt, among ourselves, to engender such vices, than the licence of absolute authority. And in short, the whole mythological system is so natural that, in the vast variety of planets and worlds, contained in this universe, it seems more than probable that, somewhere or other, it is really carried into execution.

2. The chief objection to it with regard to this planet, is, that it is not ascertained by any just reason or authority. The ancient tradition, insisted on by heathen priests and theologers, is but a weak foundation; and transmitted also such a number of contradictory reports, supported, all of them, by equal authority, that it became absolutely impossible to fix a preference amongst them. A few volumes, therefore, must contain all the polemical writings of pagan priests; and their whole theology must consist more of traditional stories and superstitious practices than of philosophical argument and controversy.

XI. Comparaison de ces religions :
raison et absurdité

1. Mais voici une autre observation qui va dans le même sens, et une nouvelle preuve que la corruption des meilleures choses engendre les pires. Si l'on considère sans prévention l'ancienne mythologie païenne, telle qu'on la trouve chez les poètes, on n'y voit pas ces absurdités monstrueuses qu'on aurait pu d'abord redouter. Où est la difficulté de concevoir que les mêmes puissances ou les mêmes principes qui, quels qu'ils furent, façonnèrent le monde visible, les hommes et les animaux, aient aussi produit une espèce de créatures intelligentes, d'une substance plus raffinée et d'une autorité plus grande que toutes les autres ? Que ces créatures soient capricieuses, vindicatives, passionnées et voluptueuses s'admet facilement ; il n'y a pas chez nous de circonstance plus propice à susciter de tels vices que la licence d'une autorité absolue. Bref, tout le système mythologique est si naturel que, dans l'immense variété des planètes et des mondes contenus dans cet univers, il semble plus que probable que ce système soit en quelque endroit réellement mis en œuvre.

2. La principale objection qu'on peut lui faire, relativement à notre planète, est qu'il ne repose sur aucune raison ni autorité. L'antique tradition que faisaient valoir les prêtres et les théologiens païens n'est qu'un faible fondement ; et elle livrait tant de versions contradictoires, toutes soutenues d'une égale autorité, qu'il devint impossible d'accorder sa préférence à l'une plutôt qu'à l'autre. Quelques volumes doivent donc contenir tous les écrits polémiques des prêtres païens ; toute leur théologie doit davantage être faite de fables traditionnelles et de pratiques superstitieuses que d'arguments et de controverses philosophiques.

3. But where theism forms the fundamental principle of any popular religion, that tenet is so conformable to sound reason that philosophy is apt to incorporate itself with such a system of theology. And if the other dogmas of that system be contained in a sacred book, such as the Alcoran, or be determined by any visible authority, like that of the Roman pontiff, speculative reasoners naturally carry on their assent, and embrace a theory which has been instilled into them by their earliest education and which also possesses some degree of consistence and uniformity. But as these appearances are sure, all of them, to prove deceitful, philosophy will soon find herself very unequally yoked with her new associate; and instead of regulating each principle, as they advance together, she is at every turn perverted to serve the purposes of superstition. For besides the unavoidable incoherencies, which must be reconciled and adjusted, one may safely affirm that all popular theology, especially the scholastic, has a kind of appetite for absurdity and contradiction. If that theology went not beyond reason and common sense, her doctrines would appear too easy and familiar. Amazement must of necessity be raised, mystery affected, darkness and obscurity sought after; and a foundation of merit afforded to the devout votaries, who desire an opportunity of subduing their rebellious reason, by the belief of the most unintelligible sophisms.

4. Ecclesiastical history sufficiently confirms these reflections. When a controversy is started, some people always pretend with certainty to foretell the issue. Whichever opinion, say they, is most contrary to plain sense is sure

3. Mais là où le théisme constitue le principe fondamental d'une religion populaire, sa doctrine apparaît si conforme à la saine raison que la philosophie est portée à se fondre dans un tel système théologique. Et si les autres dogmes de ce système sont contenus dans un livre sacré, tel que le Coran, ou s'ils sont déterminés par une autorité visible, comme celle du pontife romain, les penseurs spéculatifs y joignent sans peine leur assentiment et ils embrassent une théorie qui leur a été inculquée par leur première éducation et qui possède aussi un certain degré de cohérence et d'uniformité. Mais comme toutes ces apparences se révéleront fatalement trompeuses, la philosophie se retrouvera bientôt en état d'infériorité sous le joug qui la lie à son nouvel associé. Et au lieu de contrôler chaque principe, dans leur commun progrès, elle est à chaque pas détournée et mise au service des desseins de la superstition. Car, outre les inévitables incohérences qu'il faut concilier et accorder, on peut affirmer avec sûreté que toute théologie populaire, et plus particulièrement la théologie scolastique, a une sorte d'appétit pour l'absurdité et la contradiction. Si cette théologie n'allait pas au-delà de la raison et du sens commun, ses doctrines apparaîtraient trop aisées et trop familières. Il faut absolument susciter l'étonnement, donner l'apparence du mystère, rechercher l'ombre et l'obscurité et fournir un fondement au mérite des adeptes dévots qui désirent une occasion d'humilier leur raison rebelle, en accordant leur croyance aux sophismes les plus inintelligibles.

4. L'histoire ecclésiastique confirme assez ces réflexions. Quand une controverse s'élève, il ne manque pas de gens pour en prédire l'issue avec certitude. L'opinion, disent-ils, la plus contraire au simple bon sens, est assurée

to prevail; even where the general interest of the system requires not that decision. Though the reproach of heresy may, for some time, be bandied about among the disputants, it always rests at last on the side of reason. Any one, it is pretended, that has but learning enough of this kind to know the definition of Arian, Pelagian, Erestian, Socinian, Sabellian, Eutychian, Nestorian, Monothelite, &c. not to mention Protestant, whose fate is yet uncertain, will be convinced of the truth of this observation. It is thus a system becomes more absurd in the end, merely from its being reasonable and philosophical in the beginning.

5. To oppose the torrent of scholastic religion by such feeble maxims as these, that *it is impossible for the same thing, to be and not to be*, that *the whole is greater than a part*, that *two and three make five*; is pretending to stop the ocean with a bull-rush. Will you set up profane reason against sacred mystery? No punishment is great enough for your impiety. And the same fires, which were kindled for heretics, will serve also for the destruction of philosophers.

SECTION XII.
WITH REGARD TO DOUBT OR CONVICTION

1. We meet every day with people so sceptical with regard to history, that they assert it impossible for any nation ever to believe such absurd principles as those of Greek and Egyptian paganism; and at the same time so dogmatical with regard to religion, that they think the same absurdities are to be found in no other communion. Cambyses entertained like prejudices and very impiously

de l'emporter, dût l'intérêt général du système demander une autre décision. L'accusation d'hérésie, que les adversaires peuvent se renvoyer quelque temps, retombe toujours à la fin sur la raison. Quiconque, dit-on, a assez d'instruction dans ce domaine pour connaître la définition de l'Arien, du Pélagien, de l'Érastien, du Socinien, du Sabellien, de l'Éutychien, du Nestorien, du Monothélite, etc., et je ne parle pas du Protestant dont le sort est encore incertain, se convaincra de la vérité de cette observation. C'est ainsi qu'un système finit par être plus absurde, simplement pour avoir été raisonnable et philosophique à son origine.

5. S'opposer au torrent de la religion scolastique par des maximes aussi faibles que celles-ci : *il est impossible pour la même chose d'être et de ne pas être, le tout est plus grand que la partie, deux et trois font cinq*, c'est prétendre arrêter l'océan avec un roseau. Soulevez-vous la profane raison contre les mystères sacrés ? Nul châtiment n'est assez grand pour votre impiété. Et les mêmes feux qui furent allumés pour les hérétiques, serviront aussi à la destruction des philosophes.

XII. COMPARAISON DE CES RELIGIONS :
DOUTE ET CONVICTION

1. Nous rencontrons chaque jour des personnes si sceptiques touchant l'histoire, qu'elles tiennent pour impossible que des nations aient jamais pu embrasser des principes aussi absurdes que ceux du paganisme grec ou égyptien ; mais en même temps si dogmatiques touchant la religion, qu'elles pensent que les mêmes absurdités ne peuvent se retrouver en d'autres communions. Cambyse entretenait de tels préjugés et il commit le grave sacrilège

ridiculed, and even wounded, Apis, the great god of the Egyptians, who appeared to his profane senses nothing but a large spotted bull. But Herodotus judiciously ascribes this sally of passion to a real madness or disorder of the brain. Otherwise, says the historian, he never would have openly affronted any established worship. For on that head, continues he, every nation are best satisfied with their own, and think they have the advantage over every other nation.

2. It must be allowed, that the Roman Catholics are a very learned sect, and that no one communion, but that of the church of England, can dispute their being the most learned of all the Christian churches; yet Averroes, the famous Arabian, who, no doubt, had heard of the Egyptian superstitions, declares, that, of all religions, the most absurd and nonsensical is that whose votaries eat, after having created, their deity.

3. I believe, indeed, that there is no tenet in all paganism, which would give so fair a scope to ridicule as this of the *real presence.* For it is so absurd that it eludes the force of all argument. There are even some pleasant stories of that kind, which, though somewhat profane, are commonly told by the Catholics themselves. One day, a priest, it is said, gave inadvertently, instead of the sacrament, a counter which had by accident fallen among the holy wafers. The communicant waited patiently for some time, expecting it would dissolve on his tongue; but finding that it still remained entire, he took it off. *I wish,* cried he to the priest, *you have not committed some mistake. I wish you have not given me God the Father. He is so hard and tough there is no swallowing him.*

de ridiculiser et même de blesser le grand dieu des Égyptiens, Apis, qui n'était à ses sens profanes qu'un grand taureau tacheté. Mais Hérodote[1] attribue avec raison cette saute de passion à une démence ou à un désordre cérébral véritable ; autrement, dit l'historien, il n'aurait jamais affronté ouvertement un culte établi. Car sur ce point, poursuit-il, chaque nation est parfaitement contente du sien et pense avoir l'avantage sur toutes les autres nations.

2. Il faut reconnaître que les Catholiques Romains forment une secte très savante et qu'aucune autre communion, sauf celle de l'église d'Angleterre, ne peut leur disputer le titre de l'église chrétienne la plus instruite ; cependant le célèbre Arabe Averroès, qui sans aucun doute avait entendu parler des superstitions égyptiennes, déclare que, de toutes les religions, la plus absurde et la plus insensée est celle dont les adeptes mangent leur divinité après l'avoir créée.

3. En vérité, je ne crois pas qu'il y ait dans tout le paganisme aucun dogme qui donne autant de prise au ridicule que le dogme de la *présence réelle.* Car ce dernier est si absurde qu'il défie tout argument. Il y a même quelques histoires plaisantes de cette sorte qui, quoique assez sacrilèges, sont souvent racontées par les Catholiques eux-mêmes. Un jour, dit-on, un prêtre donna par inadvertance, en guise de sacrement, un jeton qui était tombé accidentellement au milieu des saintes hosties. Le communiant attendit patiemment pendant quelque temps, espérant qu'il se dissoudrait sur sa langue. Mais découvrant qu'il restait toujours entier, il l'enleva de sa bouche. *Je souhaite*, cria-t-il au prêtre, *que vous ne vous soyez pas trompé ; je souhaite que vous ne m'ayez pas donné Dieu le Père : il est si dur et si coriace que je ne peux l'avaler.*

1. Hérodote, *Histoires*, liv. III, 38.

4. A famous general, at that time in the Muscovite service, having come to Paris for the recovery of his wounds, brought along with him a young Turk, whom he had taken prisoner. Some of the doctors of the Sorbonne (who are altogether as positive as the dervises of Constantinople) thinking it a pity that the poor Turk should be damned for want of instruction, solicited Mustapha very hard to turn Christian, and promised him, for his encouragement, plenty of good wine in this world, and paradise in the next. These allurements were too powerful to be resisted; and therefore, having been well instructed and catechized, he at last agreed to receive the sacraments of baptism and the Lord's supper. The priest, however, to make every thing sure and solid, still continued his instructions and began the next day with the usual question, *How many Gods are there? None at all*, replies Benedict; for that was his new name. *How! None at all!* cries the priest. *To be sure*, said the honest proselyte. *You have told me all along that there is but one God, and yesterday I eat him.*

5. Such are the doctrines of our brethren the Catholics. But to these doctrines we are so accustomed that we never wonder at them; though in a future age, it will probably become difficult to persuade some nations that any human, two-legged creature could ever embrace such principles. And it is a thousand to one, but these nations themselves shall have something full as absurd in their own creed, to which they will give a most implicit and most religious assent.

4. Un général célèbre, alors en service dans l'armée russe et venu à Paris se remettre de ses blessures, avait amené avec lui un jeune Turc, qu'il avait fait prisonnier. Des Docteurs en Sorbonne (docteurs tout aussi catégoriques dans leurs opinions que les derviches de Constantinople), pensant qu'il serait dommage que le pauvre Turc fût damné faute d'instruction, pressèrent très vivement Mustapha de devenir chrétien et ils lui promirent pour l'encourager beaucoup de bon vin en ce monde et le paradis dans l'autre. Ces attraits étaient trop puissants pour être refusés et par conséquent, après avoir été dûment instruit et catéchisé, Mustapha accepta enfin de recevoir les sacrements du baptême et de la cène du Seigneur. Cependant le prêtre, pour que toutes choses soient sûres et fermes, poursuivit encore son instruction et commença le lendemain avec la question habituelle : *Combien de Dieux y a-t-il ? Aucun*, répond Benoît, car tel était son nouveau nom. *Comment ! Aucun !* s'écrie le prêtre. *Bien sûr*, dit l'honnête prosélyte. *Vous n'avez cessé de me dire qu'il n'y a qu'un seul Dieu. Et je l'ai mangé hier.*

5. Telles sont les doctrines de nos frères les Catholiques [1]. Mais nous sommes si habitués à ces doctrines que nous ne nous en étonnons jamais ; il est pourtant probable que, dans les temps futurs, certaines nations auront peine à se convaincre que de tels principes aient jamais pu être embrassés par une créature humaine à deux jambes. Et on peut parier à mille contre un que ces nations auront elles-mêmes quelque article aussi absurde dans leur propre croyance, qu'elles adopteront avec autant d'aveuglement et de religion.

---

1. Le traducteur du XVIIIe siècle qui ne censure jamais le texte humien, remplace néanmoins par des points de suspension la première de ces histoires sacrilèges qui n'étaient pas exceptionnelles chez les adversaires des Catholiques.

6. I lodged once at Paris in the same *hotel* with an ambassador from Tunis, who, having passed some years at London, was returning home that way. One day I observed his Moorish excellency diverting himself under the porch, with surveying the splendid equipages that drove along; when there chanced to pass that way some *Capucin* friars, who had never seen a Turk; as he, on his part, though accustomed to the European dresses, had never seen the grotesque figure of a *Capucin*. And there is no expressing the mutual admiration, with which they inspired each other. Had the chaplain of the embassy entered into a dispute with these Franciscans, their reciprocal surprize had been of the same nature. Thus all mankind stand staring at one another; and there is no beating it into their heads, that the turban of the African is not just as good or as bad a fashion as the cowl of the European. *He is a very honest man*, said the prince of Sallee, speaking of de Ruyter, *It is a pity he were a Christian.*

7. *How can you worship leeks and onions?* we shall suppose a Sorbonnist to say to a priest of Sais. *If we worship them*, replies the latter; at least, *we do not, at the same time, eat them. But what strange objects of adoration are cats and monkies?* says the learned doctor. *They are at least as good as the relics or rotten bones of martyrs*, answers his no less learned antagonist. *Are you not mad*, insists the Catholic, *to cut one another's throat about the preference of a cabbage or a cucumber? Yes*, says the pagan; *I allow it, if you will confess, that those are still madder, who fight about the preference among volumes of*

6. J'ai habité autrefois à Paris dans le même hôtel qu'un ambassadeur tunisien qui, après avoir vécu quelques années à Londres, rentrait chez lui par ce chemin. J'observais un jour son excellence mauresque se divertir sous le porche, en suivant des yeux les splendides équipages qui s'avançaient, quand vinrent à passer des frères Capucins qui n'avaient jamais vu un Turc ; lui-même, de son côté, bien qu'habitué aux vêtements européens, n'avait jamais vu la silhouette grotesque d'un Capucin. Et on ne saurait exprimer l'admiration partagée qu'ils s'inspirèrent mutuellement. Si le chapelain de cette ambassade était entré en discussion avec ces Franciscains, leur surprise réciproque aurait été de même nature. Ainsi tous les hommes ne cessent de se regarder les uns les autres avec de grands yeux ; et il n'y a pas moyen de leur faire entrer dans la tête que le turban d'un Africain n'est une mode ni meilleure ni pire que le capuchon d'un Européen. *C'est un très honnête homme*, disait le prince de Salé, en parlant de de Ruyter. *Dommage qu'il soit chrétien*[1] !

7. *Comment pouvez-vous adorer des poireaux et des oignons ?* pourrait demander un professeur de la Sorbonne à un prêtre de Saïs. *Si nous les adorons*, répond ce dernier, *du moins nous ne les mangeons pas en même temps. Mais quels étranges objets d'adoration sont les chats et les singes !* dit le savant docteur. *Ils sont du moins aussi bons que les reliques ou les os pourris des martyrs*, répond son adversaire qui n'est pas moins savant. *N'êtes-vous pas fou*, insiste le Catholique, *de vous couper la gorge au sujet de la préférence qu'il faut accorder à un chou ou à un concombre ? Oui*, répond le païen, *je le reconnais, si vous avouez que sont encore plus fous ceux qui se battent sur la préférence qu'il faut accorder à des volumes de*

---

1. Voir *La vie de Michel de Ruiter* (Amsterdam, 1698).

sophistry, ten thousand of which are not equal in value to one cabbage or cucumber. *

8. Every by-stander will easily judge (but unfortunately the by-standers are few) that, if nothing were requisite to establish any popular system, but exposing the absurdities of other systems, every votary of every superstition could give a sufficient reason for his blind and bigotted attachment to the principles in which he has been educated.

---

* It is strange that the Egyptian religion, though so absurd, should yet have borne so great a resemblance to the Jewish, that ancient writers even of the greatest genius were not able to observe any difference between them. For it is remarkable that both Tacitus, and Suetonius, when they mention that decree of the senate, under Tiberius, by which the Egyptian and Jewish proselytes were banished from Rome, expressly treat these religions as the same; and it appears, that even the decree itself was founded on that supposition. « Actum & de sacris AEgyptiis, Judaicisque pellendis; factumque patrum consultum, ut quatuor millia libertini generis *ea superstitione* infecta, quis idonea aetas, in insulam Sardiniam veherentur, coercendis illic latrociniis; & si ob gravitatem coeli interissent, *vile damnum.* Ceteri cederent Italia, nisi certam ante diem profanos ritus exuissent. » Tacit. ann. lib. II, c. 85. « Externas caeremonias, AEgyptios, Judaicosque ritus compescuit; coactus qui *superstitione ea* tenebantur, religiosas vestes cum instrumento omni comburere, etc. » Sueton. Tiber. cap. 36. These wise heathens, observing something in the general air, and genius, and spirit of the two religions to be the same, esteemed the differences of their dogmas too frivolous to deserve any attention.

sophistique, qui tous réunis ne valent pas un chou ou un concombre *.

8. Un observateur désintéressé (mais malheureusement de tels observateurs sont rares) jugera sans peine que, s'il suffisait pour établir un système populaire de montrer les absurdités des autres systèmes, aucun adepte d'aucune superstition ne serait en peine de justifier son attachement aveugle et bigot aux principes dans lesquels il a été élevé.

---

* Il est étrange que la religion égyptienne, en dépit de son absurdité notoire, ait montré tant de ressemblance avec la religion juive que les écrivains de l'antiquité, même les plus distingués, ne furent pas capables d'observer de différence entre elles. Car il est très remarquable que Tacite et Suétone, quand ils parlent du décret du sénat qui, sous Tibère, bannit de Rome les prosélytes égyptiens et juifs, aient tous deux expressément identifié ces religions ; et il apparaît que le décret lui-même reposait sur cette supposition. *Actum et de sacris Aegyptiis Judaicisque pellendis ; factum patrum consultum, ut quatuor millia libertini generis ea superstitione infecta, quis idonea aetas, in insulam Sardiniam veherentur, coercendis illic latrociniis ; et si ob gravitatem coeli interissent, vile damnum : ceteri cederent Italia, nisi certam ante diem profanos ritus exuissent* Tacite, *ann.*, lib. II, cap. 85 [« On agit aussi en vue d'interdire les cérémonies égyptiennes et judaïques, et un sénatus-consulte ordonna que quatre mille affranchis, infectés par cette superstition et bons pour le service, fussent transportés en Sardaigne, pour y réprimer le brigandage ; et s'ils périssaient en raison de l'insalubrité du climat, peu importe ! Les autres devaient quitter l'Italie, à moins que, dans un délai fixé, ils n'eussent renoncé à leur culte impie », Tacite, *Annales*, liv. II, 85]. *Externas caeremonias, Aegyptios Judaicosque ritus compescuit ; coactis qui superstitiones ea tenebantur, religiosas vestes cum instrumento omni comburere, etc.* Sueton. Tiber. C. 36. [« Il interdit les cérémonies religieuses étrangères et les cultes égyptien et juif, et força les adeptes de cette superstition à brûler tous les vêtements et les objets sacrés », Suétone, *Vie des douze des Césars*, « Tibère », chap. 36]. Ces deux sages païens qui avaient observé quelque similitude dans l'allure, le génie et l'esprit de ces deux religions, jugèrent la différence de leurs dogmes trop frivole pour retenir l'attention.

But without so extensive a knowledge, on which to ground this assurance (and perhaps, better without it), there is not wanting a sufficient stock of religious zeal and faith among mankind. Diodorus Siculus gives a remarkable instance to this purpose, of which he was himself an eye-witness. While Egypt lay under the greatest terror of the Roman name, a legionary soldier having inadvertently been guilty of the sacrilegious impiety of killing a cat, the whole people rose upon him with the utmost fury; and all the efforts of the prince were not able to save him. The senate and people of Rome, I am persuaded, would not, then, have been so delicate with regard to their national deities. They very frankly, a little after that time, voted Augustus a place in the celestial mansions; and would have dethroned every god in heaven, for his sake, had he seemed to desire it. *Presens divus habebitur Augustus*, says Horace. That is a very important point. And in other nations and other ages, the same circumstance has not been deemed altogether indifferent. *

9. Notwithstanding the sanctity of our holy religion, says Tully, ** no crime is more common with us than sacrilege. But was it ever heard of, that an Egyptian

---

* When Louis the XIVth took on himself the protection of the Jesuits' College of Clermont, the society ordered the king's arms to be put up over the gate, and took down the cross, in order to make way for it. Which gave occasion to the following epigram : sustulit hinc Christi, posuitque insignia Regis / Impia gens, alium nescit habere Deum.
** De nat. Deor. lib. I.

Mais à défaut d'une aussi large connaissance sur laquelle fonder une telle assurance (et peut-être vaut-il mieux s'en passer), il y a bien assez de zèle et de foi religieuse chez les hommes. Diodore de Sicile* donne à ce sujet un remarquable exemple, dont il fut lui-même le témoin oculaire. Alors que le nom romain inspirait la terreur la plus grande à l'Égypte, un légionnaire s'étant rendu coupable par inadvertance du sacrilège impie de tuer un chat, le peuple tout entier se jeta sur lui avec la plus violente fureur ; et tous les efforts du prince furent impuissants à le sauver. Le Sénat et le peuple de Rome, j'en suis persuadé, ne se seraient pas montrés à cette époque aussi susceptibles, en ce qui regarde leurs divinités nationales. C'est très ouvertement que, quelques temps après, ils votèrent à Auguste une place dans les demeures célestes ; et ils auraient détrôné pour lui toutes les divinités du ciel s'il avait semblé le désirer. *Presens divus habebitur Augustus*, dit Horace [1]. Ceci est un point fort important. Et en d'autres temps et chez d'autres nations, la même circonstance ne fut pas jugée tout à fait indifférente**.

9. Malgré la sainteté de notre vénérable religion, dit Cicéron***, nul crime n'est plus commun chez nous que le sacrilège. Mais a-t-on jamais entendu dire qu'un Égyptien

---

* Diodore de Sicile, *Bibliothèque* historique, liv. I, 83, 8-9.

** Quand Louis XIV prit en charge la protection du collège jésuite de Clermont, la société ordonna que les armes du roi fussent mises au-dessus de la porte et elle fit ôter la croix pour leur faire de la place. Ce qui donna lieu à l'épigramme suivante :

Sustulit hinc Christi, posuitque insignia Regis :
Impia gens, aliam nescit habere Deum.
[Ils ôtèrent de là l'emblème du Christ pour y placer celui du
Roi ; race impie qui ne sait avoir d'autre dieu].

*** Cicéron, *De natura deorum*, liv. I, 29, 81-82.

1. « Auguste sera tenu pour un dieu sur terre » (Horace, *Odes*, liv. III, ode 5, v. 2-3).

violated the temple of a cat, an ibis, or a crocodile? There is no torture, an Egyptian would not undergo, says the same author in another place, *** rather than injure an ibis, an aspic, a cat, a dog, or a crocodile. Thus it is strictly true, what Dryden observes,

> Of whatsoe'er descent their godhead be,
> Stock, stone, or other homely pedigree,
> In his defence his servants are as bold,
> As if he had been born of beaten gold.
> *Absolom and Achitophel*

Nay, the baser the materials are, of which the divinity is composed, the greater devotion is he likely to excite in the breasts of his deluded votaries. They exult in their shame and make a merit with their deity in braving, for his sake, all the ridicule and contumely of his enemies. Ten thousand Crusaders enlist themselves under the holy banners, and even openly triumph in those parts of their religion, which their adversaries regard as the most reproachful.

10. There occurs, I own, a difficulty in the Egyptian system of theology; as indeed, few systems of that kind are entirely free from difficulties. It is evident, from their method of propagation, that a couple of cats, in fifty years, would stock a whole kingdom; and if that religious veneration were still paid them, it would, in twenty more, not only be easier in Egypt to find a god than a man, which Petronius says was the case in some parts of Italy;

---

* Tusc. Quaest. lib. V.

ait violé le temple d'un chat, d'un ibis ou d'un crocodile ?
Il n'est de torture, dit ailleurs le même auteur*, qu'un
Égyptien n'endurerait plutôt que de blesser un ibis, un
aspic, un chat, un chien ou un crocodile. Ainsi Dryden dit
l'exacte vérité, lorsqu'il observe :

> Quel que soit son lignage,
> Qu'elle descende d'une souche, d'une pierre ou de
> tout autre objet familier,
> La divinité trouve en ses serviteurs des défenseurs
> aussi ardents
> Que si elle était née d'or battu.
>
> *Absalom et Achitophel*

En vérité, plus vils sont les matériaux dont est faite la
divinité, plus grande est la dévotion qu'elle a de chance
de susciter dans le cœur de ses adeptes abusés. Ils exultent
du fond de leur honte et se font un mérite auprès de leur
dieu de braver en son nom le ridicule et le mépris dont les
couvrent leurs ennemis. Dix mille Croisés s'enrôlent sous
les saintes bannières et se font même un honneur de ces
parties de leur religion qui sont, aux yeux de leurs
adversaires, les plus blâmables.

10. Le système de théologie égyptien offre, j'en
conviens, une difficulté ; c'est qu'à la vérité peu de systèmes
de cette sorte sont entièrement dépourvus de difficultés.
Il est évident qu'un couple de chats, en vertu de son mode
de reproduction, peuplera en cinquante ans tout un royaume
et que, si la vénération religieuse persistait encore, non
seulement il serait plus facile, après vingt années de plus,
de trouver en Égypte un dieu plutôt qu'un homme – tel
était le cas, selon Pétrone[1] de certaines régions d'Italie –

---

* Cicéron, *Tusculanes*, liv. V, 27, 78.

1. Pétrone, *Satiricon*, 17.

but the gods must at last entirely starve the men, and leave themselves neither priests nor votaries remaining. It is probable, therefore, that this wise nation, the most celebrated in antiquity for prudence and sound policy, foreseeing such dangerous consequences, reserved all their worship for the full-grown divinities, and used the freedom to drown the holy spawn or little sucking gods, without any scruple or remorse. And thus the practice of warping the tenets of religion, in order to serve temporal interests, is not, by any means, to be regarded as an invention of these later ages.

11. The learned, philosophical Varro, discoursing of religion, pretends not to deliver any thing beyond probabilities and appearances. Such was his good sense and moderation! But the passionate, the zealous Augustin, insults the noble Roman on his scepticism and reserve, and professes the most thorough belief and assurance. * A heathen poet, however, contemporary with the saint, absurdly esteems the religious system of the latter so false that even the credulity of children, he says, could not engage them to believe it. **

12. Is it strange, when mistakes are so common, to find every one positive and dogmatical? And that the zeal often rises in proportion to the error? *Moverunt*, says Spartian, *& ea tempestate, Judaei bellum quod vetabantur mutilare genitalia.* ***

---

* De civitate Dei, lib. III. c. 17.
** Claudii Rutilii Numitiani iter, lib. I. l. 386.
*** In v. ita Adriani.

mais les dieux devraient finir par faire périr de faim la race humaine et se retrouver sans prêtres ni adorateurs. Il est donc probable que cette nation avisée, la plus réputée de l'Antiquité pour sa prudence et pour la sagesse de ses règles, prévoyant des conséquences aussi dangereuses, réservait tout son culte aux divinités adultes et prenait la liberté de noyer, sans scrupules ni remords, les saints rejetons et les petits dieux à la mamelle. Et c'est pourquoi on ne saurait considérer comme une invention des temps modernes la coutume de gauchir une doctrine religieuse, pour servir des intérêts temporels.

11. Le savant philosophe Varron prétend dans ses discours sur la religion ne rien affirmer qui dépasse la vraisemblance ou l'expérience. Tel était son bon sens, sa modération ! Mais Augustin, emporté par son zèle et sa passion, invective ce noble Romain et lui reproche son scepticisme et sa réserve ; et il professe pour sa part la croyance et l'assurance les plus complètes *. Cependant un poète païen contemporain du saint trouve à son tour (quoique absurdement) que le système religieux de ce dernier est si faux que même la crédulité des enfants, dit-il, ne s'en laisserait pas conter **.

12. Est-il étrange, quand l'erreur est si commune, de trouver chacun si positif et si dogmatique ? Est-il étrange que souvent le zèle s'accroisse en proportion de l'erreur ? *Moverunt*, dit Spartien, *et ea tempestate Judaei bellum quod vetabantur mutilare genitalia* ***.

---

* Augustin, *La cité de Dieu*, liv. III, chap. 17.

** Claudius Rutilius Namatianus, *Retour en Gaule*, v. 391-4.

*** [« À ce moment aussi, les Juifs déclenchèrent la guerre, parce qu'on leur interdisait de mutiler les parties génitales ». Aelius Spartianus, *Vie d'Hadrien*, liv. XIV, § 2.

13. If ever there was a nation or a time, in which the public religion lost all authority over mankind, we might expect that infidelity in Rome, during the Ciceronian age, would openly have erected its throne, and that Cicero himself, in every speech and action, would have been its most declared abettor. But it appears that, whatever sceptical liberties that great man might take, in his writings or in philosophical conversation, he yet avoided, in the common conduct of life, the imputation of deism and profaneness. Even in his own family, and to his wife Terentia, whom he highly trusted, he was willing to appear a devout religionist; and there remains a letter, addressed to her, in which he seriously desires her to offer sacrifice to Apollo and AEsculapius, in gratitude for the recovery of his health. *

14. Pompey's devotion was much more sincere : in all his conduct, during the civil wars, he paid a great regard to auguries, dreams, and prophesies. ** Augustus was tainted with superstition of every kind. As it is reported of Milton, that his poetical genius never flowed with ease and abundance in the spring, so Augustus observed that his own genius for dreaming never was so perfect during that season, nor was so much to be relied on, as during the rest of the year. That great and able emperor was also extremely uneasy, when he happened to change his shoes and put the right foot shoe on the left foot. *** In short it cannot be doubted, but the votaries of the established superstition of

---

* Lib. XIV. epist. 7.
** Cicero de Divin lib. II. cap. 24.
*** Sueton. Aug. cap. 90, 91, 92. Plin. lib. II. cap. 7.

13. S'il y eut jamais une nation ou une époque où la religion publique perdit toute son autorité sur les hommes, on pourrait attendre qu'au temps de Cicéron l'infidélité eût érigé au grand jour son trône dans Rome et que Cicéron lui-même s'en fût montré le soutien le plus déclaré, dans ses actes et ses paroles. Mais il apparaît que, malgré les libertés sceptiques que ce grand homme s'accorda dans ses écrits et ses entretiens philosophiques, il évita cependant, dans la conduite ordinaire de sa vie, de se faire accuser de déisme et d'impiété. Même au sein de sa famille et aux yeux de sa femme Térentia, en laquelle il avait toute confiance, il trouva bon de se montrer sous les traits d'un homme religieux fervent ; et il nous reste une lettre qu'il lui adressa et dans laquelle il formule sérieusement le désir qu'elle offre un sacrifice à Apollon et à Esculappe, pour les remercier du rétablissement de sa santé *.

14. La dévotion de Pompée était beaucoup plus sincère : toute sa conduite durant les guerres civiles montre qu'il accordait une grande importance aux augures, aux songes et aux prophéties **. L'esprit d'Auguste était imprégné par des superstitions de toutes sortes. De même qu'on rapporte que le génie poétique de Milton ne coulait jamais au printemps avec aise et abondance, de même Auguste observait que son propre génie pour les songes n'était jamais à cette saison aussi parfait ni aussi sûr que pendant le reste de l'année. Ce grand et capable empereur se sentait aussi très troublé, quand en changeant de chaussures il mettait le pied gauche dans la chaussure droite ***. Bref, il ne faut pas douter que l'ancienne superstition établie de

---

* Cicéron, *Lettres familières*, XIV, 7, lettre du 7.06.49.
** Cicéron, *Contre Q. Cæcilius* ou *La divination*, liv. II, 9, 24.
*** Suétone, *Vie des douze Césars*, « *Auguste* », 90, 91, 92. Pline, *Histoire naturelle*, liv. II, 5, 24-25.

antiquity were as numerous in every state, as those of the modern religion are at present. Its influence was as universal, though it was not so great. As many people gave their assent to it, though that assent was not seemingly so strong, precise, and affirmative.

15. We may observe that, notwithstanding the dogmatical, imperious style of all superstition, the conviction of the religionists, in all ages, is more affected than real, and scarcely ever approaches, in any degree, to that solid belief and persuasion which governs us in the common affairs of life. Men dare not avow, even to their own hearts, the doubts which they entertain on such subjects; they make a merit of implicit faith; and disguise to themselves their real infidelity, by the strongest asseverations and most positive bigotry. But nature is too hard for all their endeavours, and suffers not the obscure, glimmering light, afforded in those shadowy regions, to equal the strong impressions made by common sense and by experience. The usual course of men's conduct belies their words and shows that their assent in these matters is some unaccountable operation of the mind between disbelief and conviction, but approaching much nearer to the former than to the latter.

16. Since, therefore, the mind of man appears of so loose and unsteady a texture, that, even at present, when so many persons find an interest in continually employing on it the chissel and the hammer, yet are they not able to engrave theological tenets with any lasting impression; how much more must this have been the case in ancient times, when the retainers to the holy function were so much fewer in comparison? No wonder, that the appearances were then very inconsistent, and that men,

l'antiquité n'ait connu autant d'adeptes en toute condition que la religion moderne aujourd'hui. Son influence fut aussi universelle, bien qu'elle ne fût pas aussi grande. Autant de gens y adhérèrent, quoique leur assentiment ne fût pas aussi fort, aussi précis, aussi catégorique.

15. Observons qu'en dépit des manières dogmatiques et tranchées de toutes les superstitions, la conviction des hommes religieux est en tout temps plus affectée que réelle, et qu'elle est loin d'égaler la solide croyance, la ferme persuasion, qui nous gouvernent dans les affaires ordinaires de la vie. Les hommes n'osent pas s'avouer, même dans le fond de leur cœur, les doutes qui les assaillent sur ces sujets ; ils se font un mérite d'une foi implicite ; ils se voilent leur infidélité véritable par des protestations exagérées et par la bigoterie la plus têtue. Mais la nature est plus forte que leurs efforts et ne permet pas que les faibles et pâles lueurs qui viennent de ces sombres régions égalent les vives impressions laissées par le sens commun et l'expérience. Le cours habituel de leur conduite contredit leurs paroles et montre que leur assentiment en ces matières est une opération inexplicable de l'esprit, qui tient le milieu entre l'incrédulité et la conviction, mais qui s'approche plus de la première que de la seconde.

16. Ainsi, l'esprit humain semble être d'une texture si lâche et si peu consistant que, même aujourd'hui, alors que tant de gens s'appliquent à le travailler au burin et au marteau, il ne s'avère pas possible d'y graver des dogmes théologiques dont l'impression soit durable ; à plus forte raison, faut-il qu'il en ait été ainsi dans les temps anciens, quand les membres de la fonction sacrée étaient comparativement beaucoup moins nombreux. Comment s'étonner que les apparences aient été alors contraires et qu'en

on some occasions, might seem determined infidels, and enemies to the established religion, without being so in reality; or at least, without knowing their own minds in that particular.

17. Another cause, which rendered the ancient religions much looser than the modern, is that the former were *traditional* and the latter are *scriptural*; and the tradition in the former was complex, contradictory and, on many occasions, doubtful; so that it could not possibly be reduced to any standard and canon, or afford any determinate articles of faith. The stories of the gods were numberless like the popish legends, and though every one, almost, believed a part of these stories, yet no one could believe or know the whole; while, at the same time, all must have acknowledged that no one part stood on a better foundation than the rest. The traditions of different cities and nations were also, on many occasions, directly opposite; and no reason could be assigned for preferring one to the other. And as there was an infinite number of stories, with regard to which tradition was nowise positive, the gradation was insensible, from the most fundamental articles of faith to those loose and precarious fictions. The pagan religion, therefore, seemed to vanish like a cloud, whenever one approached to it, and examined it piecemeal. It could never be ascertained by any fixed dogmas and principles. And though this did not convert the generality of mankind from so absurd a faith, for when will the people be reasonable?, yet it made them faulter and hesitate more in maintaining their principles, and was even apt to produce, in certain dispositions of mind, some practices and opinions which had the appearance of determined infidelity.

certaines occasions, les anciens aient pu paraître comme des infidèles déclarés et des ennemis de la religion établie, sans l'être réellement, ou du moins sans connaître leur propre esprit sur ce point?

17. Une autre cause rendait la religion ancienne beaucoup moins ferme que la religion moderne : alors que celle-ci est *scripturale*, celle-là était *traditionnelle* ; et la tradition s'y montrait complexe, contradictoire et bien souvent douteuse, de sorte qu'il était impossible de la réduire à un modèle ou à un canon unique, et de proposer des articles de foi déterminés. Les histoires des dieux étaient innombrables, comme les légendes papistes ; chacun, ou presque, en croyait quelque chose, personne ne pouvait tout croire ni tout connaître ; et tous avaient dû admettre qu'aucune ne reposait sur de meilleurs fondements que les autres. Il arrivait aussi souvent que les traditions des différentes cités et nations fussent directement opposées ; or il n'y avait point de raison de préférer les unes aux autres. Et comme l'on était accablé d'un nombre infini d'histoires sur lesquelles la tradition n'apportait rien de positif, on passait insensiblement des articles de foi les plus fondamentaux à ces vagues et incertaines fictions. C'est pourquoi la religion païenne semblait s'évanouir comme une nuée, chaque fois qu'on s'en approchait pour l'examiner par le menu ; elle n'était jamais capable de s'établir sur des dogmes et des principes invariables. Et quoique cela ne suffît pas à détourner la plupart des hommes d'une foi aussi absurde – quand sera-t-on raisonnable ? – toutefois, ils en ressentaient quelque timidité et quelque hésitation à soutenir leurs principes et pouvaient même, lorsqu'ils étaient dans une certaine disposition d'esprit, adopter des pratiques et des opinions qui avaient l'apparence d'une infidélité caractérisée.

18. To which we may add, that the fables of the pagan religion were, of themselves, light, easy, and familiar; without devils, or seas of brimstone, or any object that could much terrify the imagination. Who could forbear smiling, when he thought of the loves of Mars and Venus, or the amorous frolics of Jupiter and Pan? In this respect, it was a true poetical religion; if it had not rather too much levity for the graver kinds of poetry. We find that it has been adopted by modern bards; nor have these talked with greater freedom and irreverence of the gods, whom they regarded as fictions, than the ancients did of the real objects of their devotion.

19. The inference is by no means just, that, because a system of religion has made no deep impression on the minds of a people, it must therefore have been positively rejected by all men of common sense, and that opposite principles, in spite of the prejudices of education, were generally established by argument and reasoning. I know not, but a contrary inference may be more probable. The less importunate and assuming any species of superstition appears, the less will it provoke men's spleen and indignation, or engage them into enquiries concerning its foundation and origin. This in the mean time is obvious, that the empire of all religious faith over the understanding is wavering and uncertain, subject to every variety of humour, and dependent on the present incidents which strike the imagination. The difference is only in the degrees. An ancient will place a stroke of impiety and one of superstition alternately, throughout a whole

18. Ajoutons que les fables de la religion païenne étaient par elles-mêmes légères, faciles et familières : sans démons ni mer de souffre, sans objet qui pût terrifier beaucoup l'imagination. Qui pourrait s'empêcher de sourire, en pensant aux amours de Mars et de Vénus et aux ébats amoureux de Jupiter et de Pan ? Cette religion était à ce point de vue une véritable religion poétique – à supposer même qu'elle n'eût pas trop de légèreté pour les formes les plus graves de la poésie. Il est clair qu'elle a été adoptée par les poètes modernes et que ces poètes n'ont pas parlé des dieux, qu'ils considèrent comme des fictions, avec plus de liberté et d'irrévérence que ne le firent les Anciens des objets réels de leur dévotion.

19. C'est une inférence fausse que d'imaginer qu'un système qui n'a laissé aucune impression profonde sur l'esprit d'un peuple, doive avoir été positivement rejeté par tous les hommes de bon sens, et que, malgré les préjugés de l'éducation, des principes contraires se soient imposés d'une manière générale, par raisonnement ou par argument. Je ne sais si l'inférence opposée n'est pas plus probable. Moins une forme de superstition se montre pesante et arrogante, et moins elle excite l'humeur et l'indignation des hommes ou les pousse à s'interroger sur son fondement et son origine. Il est en même temps évident que l'empire qu'exerce toute foi religieuse sur l'entendement, est chancelant et incertain, qu'il varie dans chaque disposition et qu'il est étroitement dépendant des événements qui frappent dans le moment l'imagination. La différence est seulement de degrés. Un ancien ajoute l'impiété à la superstition et la superstition à l'impiété, d'un bout à l'autre

discourse; * a modern often thinks in the same way, though he may be more guarded in his expression.

20. Lucian tells us expressly ** that whoever believed not the most ridiculous fables of paganism was deemed by the people profane and impious. To what purpose, indeed, would that agreeable author have employed the whole force of his wit and satire against the national religion, had not that religion been generally believed by his countrymen and contemporaries?

21. Livy *** acknowledges as frankly, as any divine would at present, the common incredulity of his age; but then he condemns it as severely. And who can imagine, that a national superstition, which could delude so ingenious a man, would not also impose on the generality of the people?

---

* Witness this remarkable passage of Tacitus : « Praeter multiplices rerum humanarum casus, cœlo terraque prodigia, & fulminum monitus & futurorum praesagia, læta, tristia, ambigua, manifesta. Nec enim unquam atrocioribus populi Romani cladibus, magisque justis judiciis approbatum est, non esse curæ Diis securitatem nostram, esse ultionem. » Hist. lib. I. Augustus's quarrel with Neptune is an instance of the same kind. Had not the emperor believed Neptune to be a real being, and to have dominion over the sea, where had been the foundation of his anger? And if he believed it, what madness to provoke still farther that deity? The same observation may be made upon Quintilian's exclamation, on account of the death of his children, lib. VI. Praef.

** Philopseudes.

*** Lib. X, cap. 40.

de son discours*; un moderne pense souvent de même, bien qu'il puisse être plus circonspect dans ses expressions.

20. Lucien dit en termes exprès** que le peuple jugeait impie et sacrilège celui qui ne croyait pas aux fables les plus ridicules du paganisme. À quel dessein cet agréable auteur aurait-il donc employé contre la religion nationale toute la force de son esprit caustique et de sa plume satirique, si ses concitoyens et ses contemporains n'avaient pas cru pour la plupart en cette religion ?

21. Tite-Live*** reconnaît, aussi franchement que le ferait aujourd'hui un théologien, que l'incrédulité était devenue commune à son époque; mais il la condamne ensuite aussi sévèrement. Et qui peut imaginer qu'une superstition nationale, qui pouvait abuser un esprit aussi distingué, n'en imposait pas à la grande majorité du peuple ?

---

* Témoin ce passage remarquable de Tacite : *Praeter multiplices rerum humanarum casus coelo terraque prodigia et fulminum monitus et futurorum praesagia, laeta tristia, ambigua manifesta. Nec enim unquam atrocioribus populi Romani cladibus, magisve justis indiciis approbatum est, non esse curae Diis securitatem nostram, esse ultionem. Hist.*, lib. I, 3 [« Outre les coups redoublés qui frappaient les affaires humaines, on vit des prodiges dans le ciel et sur la terre, des avertissements de la foudre, des présages heureux, funestes, équivoques, évidents. Jamais en effet plus affreuses calamités endurées par le peuple romain, jamais signes plus concluants ne montrèrent que si les dieux n'ont pas souci de nous sauver, ils prennent soin de nous punir ». *Histoires*, liv. I, 33]. La dispute d'Auguste avec Neptune est un exemple de même sorte. Si l'empereur n'avait pas cru que Neptune fût un être réel et eût puissance sur les mers, quel aurait été le fondement de sa colère ? Et s'il y croyait, quelle folie de provoquer encore plus cette divinité ! La même observation peut être faite sur les exclamations de Quintilien, à la suite de la mort de ses enfants, (*Institutions oratoires*, liv. VI, préface).

** Lucien, *Opuscules, L'amour du mensonge.*

*** Tite-Live, *Histoire romaine*, liv. X, 40.

22. The Stoics bestowed many magnificent and even impious epithets on their sage : that he alone was rich, free, a king, and equal to the immortal gods. They forgot to add that he was not inferior in prudence and understanding to an old woman. For surely nothing can be more pitiful than the sentiments which that sect entertained with regard to religious matters; while they seriously agree with the common augurs, that, when a raven croaks from the left, it is a good omen, but a bad one, when a rook makes a noise from the same quarter. Panætius was the only Stoic, among the Greeks, who so much as doubted with regard to auguries and divinations * Marcus Antoninus ** tells us that he himself had received many admonitions from the gods in his sleep. It is true, Epictetus *** forbids us to regard the language of rooks and ravens; but it is not that they do not speak truth : it is only because they can foretel nothing but the breaking of our neck or the forfeiture of our estate; which are circumstances, says he, that nowise concern us. Thus the Stoics join a philosophical enthusiasm to a religious superstition. The force of their mind, being all turned to the side of morals, unbent itself in that of religion. ****

23. Plato ***** introduces Socrates affirming that the accusation of impiety raised against him was owing entirely to his rejecting such fables as those of Saturn's castrating his father Uranus, and Jupiter's

* Cicero de Divin. lib. I. cap. 3 & 7.
** Lib. I, § 17.
*** Ench. § 17.
**** The Stoics, I own, were not quite orthodox in the established religion; but one may see, from these instances, that they went a great way, and the people undoubtedly went every length.
***** Eutyphro.

22. Les Stoïciens couvraient le sage d'épithètes magnifiques et même impies : lui seul était riche, libre, de sang royal et égal aux dieux immortels. Ils oubliaient d'ajouter qu'il n'était nullement inférieur en sagesse et en intelligence à une vieille femme. Car rien n'est vraiment plus pitoyable que les sentiments que cette secte entretenait sur les questions religieuses : ils s'accordaient à dire très sérieusement, avec les augures ordinaires, que l'on a un bon présage quand un corbeau croasse à gauche, mais que c'est un mauvais présage, lorsqu'une corneille fait un bruit du même côté. Panétius fut le seul Stoïcien grec qui alla jusqu'à douter des augures et de la divination*. Marc Antoine** nous dit qu'il avait lui-même reçu de nombreux avertissements des dieux dans son sommeil. Il est vrai qu'Épictète*** nous interdit de prendre en considération le langage des corneilles et des corbeaux ; mais ce n'est pas parce qu'ils ne disent pas la vérité ; c'est seulement parce qu'ils ne peuvent nous prédire qu'une mort accidentelle ou la perte de nos biens, circonstances, dit-il, qui ne nous concernent nullement. Ainsi, les Stoïciens joignaient un enthousiasme philosophique à une superstition religieuse. La force de leur esprit, toute entière dirigée du côté de la morale, se relâcha du côté de la religion****.

23. Platon***** fait dire à Socrate qu'on ne l'accusait d'impiété que parce qu'il rejetait des fables comme celle de la castration d'Uranus par son fils Saturne ou celle du

---

* Cicéron, *Contre Q. Cæcilius* ou *La divination*, liv. I, 3, 6 et 7.
** Aurelius Antonnius, *Méditations*, I, 17, 8.
*** Épictète, *Manuel*, 18.
**** Les Stoïciens, je l'avoue, n'étaient pas tout à fait orthodoxes selon la religion établie ; mais on peut voir d'après ces exemples qu'ils faisaient un grand pas en ce sens ; et il est certain que le peuple allait jusqu'au bout.
***** Platon, *Eutyphron*, 6a-b.

dethroning Saturn. Yet in a subsequent dialogue, *Socrates confesses that the doctrine of the mortality of the soul was the received opinion of the people. Is there here any contradiction ? Yes, surely ; but the contradiction is not in Plato, it is in the people, whose religious principles in general are always composed of the most discordant parts, especially in an age when superstition sate so easy and light upon them. **

* Phædo.

** Xenophon's conduct, as related by himself, is, at once, an incontestable proof of the general credulity of mankind in those ages, and the incoherencies, in all ages, of men's opinions in religious matters. That great captain and philosopher, the disciple of Socrates, and one who has delivered some of the most refined sentiments with regard to a deity, gave all the following marks of vulgar, pagan superstition. By Socrates's advice, he consulted the oracle of Delphi, before he would engage in the expedition of Cyrus. De exped. lib. III. p. 294. ex edit Leuncl. Sees a dream the night after the generals were seized ; which he pays great regard to, but thinks ambiguous. Id. p. 295. He and the whole army regard sneezing as a very lucky omen. Id. p. 300. Has another dream, when he comes to the river Centrites, which his fellow-general, Chirosophus, also pays great regard to. Id. lib. IV. p. 323. The Greeks, suffering from a cold north wind, sacrifice to it ; and the historian observes, that it immediately abated. Id. p. 329. Xenophon consults the sacrifices in secret, before he would form any resolution with himself about settling a colony. Lib. V. p. 359. He was himself a very skilful augur. Id. p. 361. Is determined by the victims to refuse the sole command of the army which was offered him. Lib. VI. p. 273. Cleander, the Spartan, though very desirous of it, refuses it for the same reason. Id. p. 392. Xenophon mentions an old dream with the interpretation given him, when he first joined Cyrus, p. 373. Mentions also the place of Hercules's descent into hell as believing it, and says the marks of it are still remaining. Id. p. 375. Had almost starved the army, rather than lead them to the field against the auspices. Id. p. 382, 383. His friend, Euclides, the augur, would not believe that he had brought no money from the expedition ; till he (Euclides) sacrificed, and then he saw the matter clearly in the Exta. Lib. VII. p. 425. The same philosopher, proposing a project of mines for the encrease of the

détrônement de Saturne par Jupiter; cependant, dans un dialogue postérieur*, Socrate maintient que la doctrine de la mortalité de l'âme était l'opinion reçue par le peuple. Y a-t-il ici une contradiction? Oui sans doute; mais la contradiction n'est pas dans Platon, elle est dans le peuple dont les principes religieux, pris en général, sont toujours un composé des parties les plus discordantes, surtout en un temps où la superstition régnait sur les hommes si facilement et si légèrement**.

* Platon, *Apologie de Socrate*, 24b *sq.*.

** La conduite de Xénophon, telle qu'il la rapporte lui-même, est une preuve immédiate et incontestable de la crédulité générale des hommes, en ces temps-là, et des incohérences, en tout temps, des opinions humaines sur les questions religieuses. Ce grand capitaine, ce grand philosophe, disciple de Socrate, qui marqua les sentiments les plus raffinés envers la divinité, donna aussi toutes les marques d'une superstition vulgaire et païenne. En voici une liste. Sur le conseil de Socrate, il consulta l'oracle de Delphes, avant de s'engager dans l'expédition de Cyrus. (*Anabase*, III, 1, 5. Édition gréco-latine de Leunclavius, 1735). Il a un rêve, la nuit qui suivit la capture des généraux, rêve auquel il prête une grande attention mais qu'il juge ambigu, *id.* p. 295 [III, 1, 11-12]. Avec toute l'armée, il considère l'éternuement comme un présage très favorable, *id.* p. 300 [III, 2, 9]. Quand il arrive à la rivière Centrites, il a un autre rêve auquel son collègue, le général Chirosophus, accorde aussi beaucoup d'attention, *id.*, p. 323 [IV, 3, 1]. Les Grecs, souffrant d'un vent froid du nord, lui font un sacrifice; et l'historien observe que le vent tomba immédiatement, *id.* p. 329 [IV, 5, 4]. Xénophon consulte en secret les sacrifices avant de décider d'établir une colonie, p. 359 [V, 6, 16]. Il était lui-même un augure très habile, *id.* p. 361 [V, 6, 29]. Les victimes le poussent à refuser le commandement unique de l'armée, qui lui était offert, p. 373 [VI, 1, 22--24]. Le Spartiate Cléandre, qui en avait pourtant très envie, le refuse pour la même raison, *id.* p. 392 [VI, 6, 36]. Xénophon mentionne un vieux rêve, avec l'interprétation qu'il en donne, rêve datant de l'époque où il se joignit pour la première fois à Cyrus, p. 373 [VI, 1, 22]. Il mentionne aussi – y apportant sa foi – l'endroit où Hercule descendit aux Enfers; et il ajoute qu'il reste encore des traces, *id.* p. 375 [VI, 2, 2]. Il avait presque affamé l'armée plutôt que de la

12.24. The same Cicero, who affected, in his own family, to appear a devout religionist, makes no scruple, in a public court of judicature, of treating the doctrine of a future state as a ridiculous fable to which no body could give any attention. * Sallust ** represents Caesar as speaking the same language in the open senate. ***

25. But that all these freedoms implied not a total and universal infidelity and scepticism amongst the people is too apparent to be denied. Though some

Athenian revenues, advises them first to consult the oracle. De rat. red. p. 392. That all this devotion was not a farce, in order to serve a political purpose, appears both from the facts themselves, and from the genius of that age, when little or nothing could be gained by hypocrisy. Besides, Xenophon, as appears from his Memorabilia, was a kind of heretic in those times, which no political devotee ever is. It is for the same reason, I maintain, that Newton, Locke, Clarke, &c. being *Arians* or *Socinians*, were very sincere in the creed they professed. And I always oppose this argument to some libertines, who will needs have it, that it was impossible but that these philosophers must have been hypocrites.

* Pro Cluentio, cap. 61.

** De bello Catilin.

*** Cicero (Tusc. Quaest.) lib. I. cap. 5, 6. and Seneca (Epist. 24), as also Juvenal (Satyr. 2.), maintain that there is no boy or old woman so ridiculous as to believe the poets in their accounts of a future state. Why then does Lucretius so highly exalt his master for freeing us from these terrors? Perhaps the generality of mankind were then in the disposition of Cephalus in Plato (de Rep. lib. I) who while he was young and healthful could ridicule these stories; but as soon as he became old and infirm, began to entertain apprehensions of their truth. This we may observe not to be unusual even at present.

24. Le même Cicéron qui au sein de sa famille posait à l'homme religieux et dévot, ne se fait pas scrupule, dans une cour publique de justice, de traiter la doctrine d'un état futur de fable ridicule, à laquelle personne ne saurait accorder d'attention *. Salluste ** représente César parlant le même langage en plein sénat ***.

25. Mais il est trop évident pour qu'on le nie, que toutes ces libertés que prenait le peuple n'impliquaient pas une infidélité et un scepticisme total et universel. Bien que

mettre en campagne contre l'avis des auspices, *id.* p. 382-383 [VI, 4, 12-16]. Son ami, l'augure Euclide, ne voulut pas croire qu'il n'avait pas rapporté d'argent de l'expédition, jusqu'au moment où il sacrifia et vit clairement alors la vérité dans les *exta*, p. 425 [VII, 8, 1-3]. Le même philosophe, proposant un projet de mines pour augmenter les revenus des Athéniens, leur conseille de consulter d'abord l'oracle (*Les revenus*, VI, 2). Que toute cette dévotion n'ait pas été une mascarade pour servir des desseins politiques, apparaît à la fois des faits eux-mêmes et du génie de cette époque où rien ou presque ne pouvait se gagner par hypocrisie. Xénophon, et ses *Memorabilia* le montrent, était par ailleurs une sorte d'hérétique, pour cette époque, ce qu'un dévot politique n'est jamais. C'est pour la même raison que j'affirme que Newton, Locke, Clarke, etc., qui étaient des ariens ou des sociniens, étaient absolument sincères dans la croyance qu'ils professaient. Et j'ai toujours opposé cet argument à certains libertins qui veulent à tout prix qu'il ait été impossible que ces philosophes n'aient pas été des hypocrites.

* Cicéron, *Pour Cluentius*, 61, 171.

** Salluste, *La conjuration de Catilina*, 51, 20.

*** Cicéron (*Tusculanes*, liv. I, 5-6) et Sénèque(*Lettres à Lucilius*, liv. I, 24, 18) ainsi que Juvénal (*Satires*, 2, v. 149-52) soutiennent qu'il n'y a pas de garçon ou de vieille femme assez ridicule pour croire les poètes, dans leurs récits d'un état futur. Pourquoi alors Lucrèce vante-t-il si hautement son maître de nous avoir libéré de ces terreurs? La majorité des hommes était peut-être dans les dispositions de Céphale, dans Platon (*La république*, liv. I, 330d), qui pouvait se moquer de ces histoires, quand il était jeune et en bonne santé, mais qui, dès qu'il devint vieux et infirme, commença à craindre qu'elles ne fussent vraies. Nous pouvons observer que ce phénomème n'est pas inhabituel, même aujourd'hui.

parts of the national religion hung loose upon the minds of men, other parts adhered more closely to them. And it was the chief business of the sceptical philosophers to show that there was no more foundation for one than for the other. This is the artifice of Cotta in the dialogues concerning the *nature of the gods*. He refutes the whole system of mythology by leading the orthodox gradually, from the more momentous stories, which were believed, to the more frivolous, which every one ridiculed; from the gods to the goddesses; from the goddesses to the nymphs; from the nymphs to the fawns and satyrs. His master, Carneades, had employed the same method of reasoning. *

26. Upon the whole, the greatest and most observable differences between a *traditional, mythological* religion and a *systematical, scholastic* one, are two : the former is often more reasonable, as consisting only of a multitude of stories, which, however groundless, imply no express absurdity and demonstrative contradiction; and sits also so easy and light on men's mind, that, though it may be as universally received, it happily makes no such deep impression on the affections and understanding.

SECTION XIII.
IMPIOUS CONCEPTIONS OF THE DIVINE NATURE
IN POPULAR RELIGIONS OF BOTH KINDS

1. The primary religion of mankind arises chiefly from an anxious fear of future events; and what ideas will naturally be entertained of invisible, unknown powers,

* Sext. Empir. advers. Mathem. lib. VIII.

certaines parties de la religion nationale fissent peu d'effets sur l'esprit des hommes, d'autres parties lui tenaient de plus près ; et c'était le travail principal des philosophes sceptiques de montrer que les unes n'étaient pas mieux fondées que les autres. Tel est l'artifice de Cotta dans les dialogues sur *La nature des dieux*[1]. Il réfute tout le système de la mythologie en conduisant peu à peu l'orthodoxe des histoires les plus importantes, qui étaient des objets de croyance, aux plus frivoles, dont chacun se moquait : des dieux aux déesses, des déesses aux nymphes ; des nymphes aux faunes et aux satyres. Son maître Carnéade avait utilisé la même méthode de raisonnement[*].

26. En résumé, je dirai que les différences les plus grandes et les plus remarquables entre une religion *traditionnelle* et *mythologique* et une religion *systématique* et *scolastique* sont au nombre de deux : la première est souvent plus raisonnable, n'étant faite que d'une multitude d'histoires qui, quoique sans fondement, n'impliquent pas d'absurdités expresses ni de contradictions démonstratives ; et elle s'impose si aisément et si légèrement à l'esprit humain que, bien qu'elle puisse être reçue aussi universellement, elle ne fait heureusement pas d'impression aussi profonde sur les affections et sur l'entendement.

XIII. Conceptions impies de la nature divine dans les religions populaires[2] des deux sortes

1. La religion primitive des hommes prend sa source principale dans la crainte inquiète des événements futurs ; et quelles idées des puissances invisibles et inconnues

---

[*] Sextus Empiricus, *Adversus mathematicos*, liv. IX, ou *Contre les physiciens*, I, 182-190.

[1]. Cicéron, *De la nature des dieux*, liv. III, 17-20.

[2]. *Les éditions de 1757 à 1770 disent* : les plus populaires.

while men lie under dismal apprehensions of any kind, may easily be conceived. Every image of vengeance, severity, cruelty, and malice must occur and must augment the ghastliness and horror which oppresses the amazed religionist. A panic having once seized the mind, the active fancy still farther multiplies the objects of terror; while that profound darkness, or, what is worse, that glimmering light, with which we are environed, represents the spectres of divinity under the most dreadful appearances imaginable. And no idea of perverse wickedness can be framed, which those terrified devotees do not readily, without scruple, apply to their deity.

2. This appears the natural state of religion, when surveyed in one light. But if we consider, on the other hand, that spirit of praise and eulogy, which necessarily has place in all religions, and which is the consequence of these very terrors, we must expect a quite contrary system of theology to prevail. Every virtue, every excellence, must be ascribed to the divinity, and no exaggeration will be deemed sufficient to reach those perfections, with which he is endowed. Whatever strains of panegyric can be invented, are immediately embraced, without consulting any arguments or phaenomena. It is esteemed a sufficient confirmation of them, that they give us more magnificent ideas of the divine objects of our worship and adoration.

3. Here therefore is a kind of contradiction between the different principles of human nature which enter into religion. Our natural terrors present the notion of a devilish and malicious deity; our propensity to adulation leads us to acknowledge an excellent and divine. And the influence of these opposite principles are various, according to the different situation of the human understanding.

les hommes viennent naturellement à entretenir, quand ils sont sous le joug de sombres appréhensions de toutes sortes, je le laisse à penser. Toutes les images de la vengeance, de la sévérité, de la cruauté, de la méchanceté se présentent ; et il faut qu'elles augmentent l'horreur et l'effroi qui accablent le dévot confondu. Une fois l'esprit saisi de panique, l'imagination déchaînée multiplie encore le nombre des objets terrifiants, tandis que l'obscurité ou, ce qui est pire, la pâle lueur qui nous environne, nous présentent des spectres de divinité aux apparences les plus horribles qu'on puisse imaginer. Et il n'est pas possible de se forger l'idée d'une méchanceté perverse que ces âmes terrifiées n'appliquent aussitôt et sans scrupule à leur divinité.

2. Tel apparaît l'état naturel de la religion, envisagée sous un premier aspect. Mais si d'un autre côté, nous considérons ce goût pour la louange et l'éloge qui intervient nécessairement dans toutes les religions et qui est la conséquence de ces terreurs mêmes, nous verrons régner un système de théologie entièrement contraire. Toute vertu, toute qualité doit être attribuée à la divinité ; il n'est pas d'exagération qu'on estime à la mesure des perfections qui sont les siennes. Tout ce qu'on peut inventer en fait de panégyrique est immédiatement embrassé, et l'on ne s'embarrasse ni des raisonnements ni des phénomènes ; on s'y croit suffisamment autorisé par cela même que l'on en reçoit de plus belles idées des objets divins qui sont à honorer et à adorer.

3. Voici donc une sorte de contradiction entre les différents principes de la nature humaine qui entrent dans la religion. Nos terreurs naturelles nous présentent la notion d'une divinité diabolique et méchante ; notre tendance à l'adulation nous conduit à reconnaître un être parfait et divin. Et l'influence de ces principes opposés varie en fonction de la situation où se trouve l'entendement humain.

4. In very barbarous and ignorant nations, such as the Africans and Indians, nay even the Japonese, who can form no extensive ideas of power and knowledge, worship may be paid to a being, whom they confess to be wicked and detestable; though they may be cautious, perhaps, of pronouncing this judgment of him in public or in his temple, where he may be supposed to hear their reproaches.

5. Such rude, imperfect ideas of the Divinity adhere long to all idolaters; and it may safely be affirmed that the Greeks themselves never got entirely rid of them. It is remarked by Xenophon, * in praise of Socrates, that this philosopher assented not to the vulgar opinion, which supposed the gods to know some things, and be ignorant of others; he maintained that they knew every thing, what was done, said, or even thought. But as this was a strain of philosophy ** much above the conception of his countrymen, we need not be surprised, if very frankly, in their books and conversation, they blamed the deities whom they worshipped in their temples. It is observable, that Herodotus in particular scruples not, in many passages, to ascribe *envy* to the gods; a sentiment, of all others, the most suitable to a mean and devilish nature. The pagan hymns, however, sung in public worship, contained nothing but epithets of praise; even while the actions ascribed to the gods were the most barbarous and

---

* Mem. lib. I.
** It was considered among the ancients, as a very extraordinary, philosophical paradox, that the presence of the gods was not confined to the heavens, but were extended every where, as we learn from Lucian *Hirmotimus sive De sectis*.

4. Les nations très barbares et très ignorantes, comme les Africains, les Indiens et même les Japonais, qui ne savent pas donner assez d'ampleur à leurs idées de puissance et de connaissance, rendent un culte à un être dont elles avouent le caractère méchant et haïssable, quoiqu'elles montrent peut-être une certaine prudence à prononcer ce jugement en public ou au temple où, pensent-elles, leurs reproches risquent d'être entendus.

5. Des idées aussi grossières et imparfaites de la divinité se conservent longtemps chez tous les idolâtres ; et on peut affirmer sans se tromper que les Grecs eux-mêmes ne s'en débarrassèrent jamais totalement. Xénophon * remarque à la gloire de Socrate que ce philosophe n'approuvait pas l'opinion vulgaire qui voulait que les dieux connaissent certaines choses et en ignorent d'autres ; il soutenait au contraire qu'ils connaissaient tout ce qui était fait, dit ou même pensé. Mais comme c'était là un argument philo- sophique ** qui dépassait considérablement l'intelligence des contemporains de Socrate, nous ne devons pas être surpris si ces derniers, dans leurs livres et leurs entretiens, blâmaient très franchement les divinités qu'ils adoraient dans leurs temples. Hérodote, en particulier, en plus d'un endroit, n'a aucun scrupule à attribuer de *l'envie* aux dieux, quoique ce sentiment, plus qu'un autre, relève d'une nature basse et diabolique. Cependant les hymnes que les païens chantaient au cours de leurs cultes publics, ne contenaient que des épithètes élogieuses, même quand ils attribuaient aux dieux les actions les plus barbares et les

* Xénophon, *Les mémorables*, I, 1, 19.
** Les anciens considéraient comme un paradoxe philosophique tout à fait extraordinaire, le fait que la présence des dieux ne soit pas confinée aux cieux, mais étendue en tout lieu. C'est ce que Lucien nous apprend dans *Opuscules, Hermotimus ou des sectes*, in fine.

detestable. When Timotheus, the poet, recited a hymn to Diana, in which he enumerated, with the greatest eulogies, all the actions and attributes of that cruel, capricious goddess : *May your daughter*, said one present, *become such as the deity whom you celebrate.* *

6. But as men farther exalt their idea of their divinity, it is their notion of his power and knowledge only, not of his goodness, which is improved. On the contrary, in proportion to the supposed extent of his science and authority, their terrors naturally augment; while they believe that no secrecy can conceal them from his scrutiny, and that even the inmost recesses of their breast lie open before him. They must then be careful not to form expressly any sentiment of blame and disapprobation. All must be applause, ravishment, extacy. And while their gloomy apprehensions make them ascribe to him measures of conduct which, in human creatures, would be highly blamed, they must still affect to praise and admire that conduct in the object of their devotional addresses. Thus it may safely be affirmed that popular religions are really, in the conception of their more vulgar votaries, a species of dæmonism ; and the higher the deity is exalted in power and knowledge, the lower of course is he depressed in goodness and benevolence ; whatever epithets of praise may be bestowed on him by his amazed adorers. Among idolaters, the words may be false and belie the secret opinion ; but among more exalted religionists, the opinion itself

* Plut. arch. de Superstit.

plus détestables. Alors que le poète Timothée déclamait un hymne en l'honneur de Diane, hymne dans lequel il énumérait, avec les plus grands éloges, toutes les actions et les attributs de cette déesse cruelle et capricieuse, un auditeur lui dit : *Puisse ta fille devenir comme la divinité que tu chantes**.

6. Mais, quand ils viennent à se faire une idée plus raffinée de leur divinité, les hommes ne perfectionnent que la notion qu'ils retiennent de sa puissance et de sa connaissance, et non celle de sa bonté. Au contraire, à mesure qu'ils jugent plus étendue sa science ou son autorité, leurs terreurs s'augmentent naturellement ; car ils croient alors qu'aucun lieu secret ne peut les cacher du regard du dieu et que même les recoins les plus profonds de leur cœur lui sont ouverts. Ils doivent alors veiller à ne former de manière expresse aucun sentiment de blâme ou de désapprobation. Tout ne doit être qu'applaudissements, ravissements, extases. Et tandis que leurs sombres craintes leur font attribuer à la divinité un modèle de conduite qui chez les créatures humaines serait vivement blâmé, ils doivent encore faire semblant de louer et d'admirer cette conduite dans l'objet de leurs pieuses dévotions. On peut donc affirmer sans crainte que les religions populaires, prises dans les conceptions de leurs adeptes les plus ordinaires, sont en réalité une sorte de démonisme et que, plus la divinité acquiert de puissance et de connaissance, plus elle perd assurément en bonté et en bienveillance, quelles que soient les épithètes élogieuses que ses adorateurs confondus lui prodiguent. Les mots chez les idolâtres peuvent être faux et démentir la pensée secrète ; mais chez des esprits religieux plus exaltés, c'est la pensée elle-même

---

* Plutarque, *Œuvres morales*, « *De la superstition* », X, 170a-b.

contracts a kind of falsehood, and belies the inward sentiment. The heart secretly detests such measures of cruel and implacable vengeance; but the judgment dares not but pronounce them perfect and adorable. And the additional misery of this inward struggle aggravates all the other terrors, by which these unhappy victims to superstition are for ever haunted.

7. Lucian * observes that a young man, who reads the history of the gods in Homer or Hesiod, and finds their factions, wars, injustice, incest, adultery, and other immoralities so highly celebrated, is much surprised afterwards, when he comes into the world, to observe that punishments are by law inflicted on the same actions which he had been taught to ascribe to superior beings. The contradiction is still perhaps stronger between the representations given us by some later religions and our natural ideas of generosity, lenity, impartiality, and justice; and in proportion to the multiplied terrors of these religions, the barbarous conceptions of the divinity are multiplied upon us. **

---

* Necyomantia.

** Bacchus, a divine being, is represented by the heathen mythology as the inventor of dancing and the theatre. Plays were anciently even a part of public worship on the most solemn occasions, and often employed in times of pestilence, to appease the offended deities. But they have been zealously proscribed by the godly in later ages; and the playhouse, according to a learned divine, is the porch of hell.

But in order to show more evidently, that it is possible for a religion to represent the divinity in still a more immoral and unamiable light than he was pictured by the ancients, we shall cite a long passage from an author of taste and imagination, who was surely no enemy to Christianity. It is the Chevalier Ramsay, a writer who had so laudable an inclination to be orthodox that his reason never found any

qui contracte une sorte de fausseté et qui dément le sentiment intérieur. Le cœur déteste secrètement les dispositions d'une pareille vengeance, cruelle et implacable ; mais le jugement n'ose pas faire autre chose que les affirmer parfaites et adorables. Et les souffrances supplémentaires de cette lutte intérieure augmentent toutes les autres terreurs qui hantent à jamais ces victimes malheureuses de la superstition.

7. Prenez un jeune homme, observe Lucien*, qui lit l'histoire des dieux dans Homère ou dans Hésiode et voit leurs factions, leurs guerres, l'injustice, l'inceste, l'adultère et tant d'autres forfaits célébrés si hautement ; faites-le entrer ensuite dans le monde : il est alors tout à fait surpris de découvrir que la loi inflige des peines pour ces mêmes actions qu'il sait devoir attribuer à des êtres supérieurs. La contradiction est peut-être encore plus forte entre les représentations que nous donnent certaines religions postérieures et nos idées naturelles de générosité, de clémence, d'impartialité et de justice ; et à mesure que ces religions augmentent nos terreurs, elles multiplient les barbares conceptions de la divinité qui pèsent sur notre esprit**.

* Lucien, *Opuscules, Ménippe ou La descente aux enfers*, 3.

** La mythologie païenne représente le dieu Bacchus comme l'inventeur de la danse et du théâtre. Les pièces de théâtre entraient autrefois dans le déroulement du culte public, aux occasions les plus solennelles, et servaient souvent, en cas de peste, à apaiser les dieux offensés. Mais elles furent plus tard sévèrement proscrites par les dévots ; et les salles de spectacles sont, selon un savant théologien, les porches de l'enfer.

Mais afin de montrer plus clairement qu'il est possible pour une religion de représenter la divinité sous des aspects encore plus immoraux et plus rebutants que ceux sous lesquels les anciens peignaient leurs dieux, nous citerons un long passage d'un auteur de goût et d'imagination, qui n'était sans doute pas un ennemi du Christianisme. C'est le Chevalier Ramsay, cet écrivain qui avait une si louable tendance à l'orthodoxie que sa raison ne rencontrait aucun

Nothing can preserve untainted the genuine principles of morals in our judgment of human conduct, but the absolute necessity of these principles to the existence of society. If common conception can indulge princes in a system of ethics, somewhat different from that which should regulate private persons, how much more those superior beings, whose attributes, views, and nature are so totally unknown to us? *Sunt superis sua jura.* * The gods have maxims of justice peculiar to themselves.

SECTION XIV.
BAD INFLUENCE OF POPULAR RELIGIONS ON MORALITY

1. Here I cannot forbear observing a fact, which may be worth the attention of such as make human nature the object of their enquiry. It is certain that, in every religion, however sublime the verbal definition which it gives of its divinity, many of the votaries, perhaps the greatest number, will still seek the divine favour, not by virtue and

difficulty, even in the doctrines which free-thinkers scruple the most, the trinity, incarnation, and satisfaction. His humanity alone, of which he seems to have had a great stock, rebelled against the doctrines of eternal reprobation and predestination. He expresses himself thus : « What strange ideas, » says he, « would an Indian or a Chinese philosopher have of our holy religion, if they judged by the schemes given of it by our modern free-thinkers, and pharisaical doctors of all sects? According to the odious and too *vulgar* system of these incredulous scoffers and credulous scribblers, « The God of the Jews is a most cruel, unjust, partial, and fantastical being. He created, about 6000 years ago, a man and a woman, and placed them in a fine garden of Asia,

* Ovid. Metam. lib. IX. 501.

Rien ne peut conserver intacts les purs principes de la morale, dans les jugements que nous portons sur la conduite humaine, sinon la nécessité absolue de ces principes pour l'existence de la société. S'il ne répugne pas aux conceptions communes de concéder aux princes un système moral assez différent de celui qui doit régir les individus, que n'accordera-t-on pas à ces êtres supérieurs dont les attributs, les desseins et la nature nous sont si complètement inconnus ? *Sunt superis sua jura**. Les dieux ont leurs règles particulières de justice.

XIV. MAUVAISE INFLUENCE DES RELIGIONS POPULAIRES [1] SUR LA MORALITÉ

1. Je ne puis m'empêcher ici d'observer un fait qui retiendra sans doute l'attention de tous ceux qui font de la nature humaine l'objet de leur étude. Il est certain que, si sublime que soit la définition verbale qu'une religion donne de sa divinité, un grand nombre d'adeptes en son sein, peut-être le plus grand nombre, chercheront encore la faveur divine, non par leur vertu ni

problème même dans les doctrines qui, selon les libres penseurs, soulèvent le plus de difficultés : la trinité, l'incarnation, la satisfaction ; seuls les sentiments d'humanité de cet auteur, sentiments dont il semble avoir été largement pourvu, se rebellaient contre les doctrines de la damnation éternelle et de la prédestination. Il s'exprime ainsi : « Quelles étranges idées, dit-il, un philosophe indien ou chinois se ferait-il de notre sainte religion, s'il en jugeait par les exposés qu'en donnent nos libres penseurs modernes et les docteurs pharisiens de toute secte ! Selon le système odieux et trop vulgaire de ces railleurs incrédules et de ces écrivailleurs crédules, « le Dieu des Juifs est un être très cruel, injuste, partial et extravagant. Il a créé, il y a environ 6.000 ans, un homme et une femme, et les a mis dans un beau jardin d'Asie,

* Ovide, *Les métamorphoses*, IX, v. 500.

1. *Les éditions de 1757 à 1768 disent* : les plus populaires.

good morals, which alone can be acceptable to a perfect being, but either by frivolous observances, by intemperate zeal, by rapturous extasies, or by the belief of mysterious and absurd opinions. The least part of the

of which there are no remains. This garden was furnished with all sorts of trees, fountains, and flowers. He allowed them the use of all the fruits of this beautiful garden, except one, that was planted in the midst thereof, and that had in it a secret virtue of preserving them in continual health and vigour of body and mind, of exalting their natural powers and making them wise. The devil entered into the body of a serpent, and solicited the first woman to eat of this forbidden fruit; she engaged her husband to do the same. To punish this slight curiosity and natural desire of life and knowledge, God not only threw our first parents out of paradise, but he condemned all their posterity to temporal misery, and the greatest part of them to eternal pains, though the souls of these innocent children have no more relation to that of Adam than to those of Nero and Mahomet; since, according to the scholastic drivellers, fabulists, and mythologists, all souls are created pure, and infused immediately into mortal bodies, so soon as the fœtus is formed. To accomplish the barbarous, partial decree of predestination and reprobation, God abandoned all nations to darkness, idolatry, and superstition, without any saving knowledge or salutary graces; unless it was one particular nation, whom he chose as his peculiar people. This chosen nation was, however, the most stupid, ungrateful, rebellious and perfidious of all nations. After God had thus kept the far greater part of all the human species, during near 4000 years, in a reprobate state, he changed all of a sudden, and took a fancy for other nations beside the Jews. Then he sent his only begotten Son to the world, under a human form, to appease his wrath, satisfy his vindictive justice and die for the pardon of sin. Very few nations, however, have heard of this gospel; and all the rest, though left in invincible ignorance, are damned without exception, or any possibility of remission. The greatest part of those who have heard of it, have changed only some speculative notions about God and some external forms in worship; for, in other respects, the bulk of Christians have continued as corrupt as the rest of mankind in their morals; yea, so much the more perverse and criminal, that

par leurs bonnes mœurs qui seules peuvent se rendre
agréables à un être parfait, mais par des observances
frivoles, par un zèle immodéré, par des extases frénétiques
ou par la croyance en des opinions aussi absurdes que
mystérieuses. Il n'y a qu'une très petite partie du

dont il ne reste rien. Ce jardin était rempli de toutes sortes d'arbres,
de fontaines et de fleurs. Il leur permit d'user de tous les fruits de ce
beau jardin, sauf de ceux d'un arbre, planté en son milieu et qui avait
la secrète vertu de les maintenir dans une perpétuelle santé et vigueur
de corps et d'esprit, de développer leurs pouvoirs naturels et de les
rendre sages. Le diable prit le corps d'un serpent et invita la première
femme à manger de ce fruit défendu; elle engagea son mari à faire
de même. Pour punir cette petite curiosité et ce désir naturel de vie
et de connaissance, Dieu non seulement chassa nos premiers parents
du paradis terrestre, mais il condamna aussi toute leur postérité aux
souffrances temporelles et voua la plus grande part de leurs descendants
au malheur éternel, bien que les âmes de ces enfants innocents n'aient
pas plus de rapport avec celle d'Adam qu'avec celles de Néron et de
Mahomet puisque, selon les radoteurs scolastiques, les fabulistes et
les mythologues, toutes les âmes sont créées pures et sont insufflées
immédiatement dans les corps mortels, dès que le fœtus est formé.
Pour appliquer ce décret barbare et partial de la prédestination et de la
damnation, Dieu abandonna toutes les nations aux ténèbres, à l'idolâtrie
et à la superstition, sans aucune connaissance protectrice, sans grâces
salutaires, à l'exception d'une nation particulière qu'il choisit comme
son peuple particulier. Ce peuple choisi était cependant le plus stupide,
le plus ingrat et le plus perfide de tous. Après avoir gardé, pendant
près de 4.000 ans, la grande majorité de toute l'espèce dans un état
de réprobation, Dieu changea tout à coup d'avis et se prit de fantaisie
pour les nations autres que la juive. Il envoya alors au monde son Fils
unique, sous une forme humaine, pour qu'il apaise sa colère, satisfasse
sa justice vengeresse et meure pour le pardon des péchés. Très peu de
ces nations ont cependant entendu parler de cet évangile; et tout le
reste, bien que plongé dans une invincible ignorance, est damné sans
exception ni rémission possible. La plupart de ceux qui en ont entendu
parler n'ont changé que quelques notions spéculatives concernant Dieu,
et certaines formes extérieures du culte. Car, par ailleurs, l'ensemble des
Chrétiens est resté tout aussi corrompu dans son comportement moral
que le reste de l'humanité; oui, d'autant plus pervers et criminel, que

Sadder, as well as of the *Pentateuch*, consists in precepts of morality ; and we may also be assurethat that part was always the least observed and regarded. When the old

their lights were greater. Unless it be a very small select number, all other Christians, like the pagans, will be for ever damned; the great sacrifice offered up for them will become void and of no effect; God will take delight for ever, in their torments and blasphemies; and though he can, by one *fiat* change their hearts, yet they will remain for ever unconverted and unconvertible, because he will be for ever unappeasable and irreconcileable. It is true, that all this makes God odious, a hater of souls, rather than a lover of them; a cruel, vindictive tyrant, an impotent or a wrathful daemon, rather than an all-powerful, beneficent father of spirits. Yet all this is a mystery. He has secret reasons for his conduct, that are impenetrable; and though he appears unjust and barbarous, yet we must believe the contrary, because what is injustice, crime, cruelty, and the blackest malice in us, is in him justice, mercy, and sovereign goodness. » Thus the incredulous free-thinkers, the judaizing Christians, and the fatalistic doctors have disfigured and dishonoured the sublime mysteries of our holy faith; thus they have confounded the nature of good and evil; transformed the most monstrous passions into divine attributes, and surpassed the pagans in blasphemy, by ascribing to the eternal nature, as perfections, what makes the most horrid crimes amongst men. The grosser pagans contented themselves with divinizing lust, incest, and adultery; but the predestinarian doctors have divinized cruelty, wrath, fury, vengeance, and all the blackest vices. See the Chevalier Ramsay's philosophical principles of natural and revealed religion, part II. p. 401.

The same author asserts, in other places, that the *Arminian* and *Molinist* schemes serve very little to mend the matter; and having thus thrown himself out of all received sects of Christianity, he is obliged to advance a system of his own, which is a kind of *Origenism*, and supposes the pre-existence of the souls both of men and beasts, and the eternal salvation and conversion of all men, beasts, and devils. But this notion, being quite peculiar to himself, we need not treat of. I thought the opinions of this ingenious author very curious; but I pretend not to warrant the justness of them.

Sadder[1] et du *Pentateuque* qui consiste en préceptes moraux ; et ne doutons pas que cette partie fut toujours la moins observée et la moins considérée. Quand les anciens

ses lumières étaient plus grandes. Mis à part un très petit nombre choisi, tous les autres Chrétiens seront damnés à jamais comme les païens ; le grand sacrifice offert pour leur salut restera sans objet ni effet ; Dieu trouvera à jamais ses délices dans leurs tourments et leurs blasphèmes ; et bien qu'il puisse par un seul *fiat* changer leur cœur, jamais cependant ils ne se convertiront ni ne pourront se convertir à lui, parce que jamais il n'acceptera d'apaisement et de réconciliation. Il est vrai que tout ceci rend Dieu haïssable, en fait un être qui déteste les âmes plutôt qu'il ne les aime, un tyran cruel, assoiffé de vengeance, un démon impuissant et coléreux, plutôt que le père tout-puissant et bienfaisant des esprits. Mais tout ceci est un mystère. Il a de secrètes raisons pour agir ainsi, qui nous sont impénétrables, et, bien qu'il semble injuste et barbare, nous devons pourtant croire le contraire, parce que ce qui est chez nous injustice, crime, cruauté et méchanceté la plus noire est chez lui justice, miséricorde et bonté souveraine ». C'est ainsi que nos libres penseurs incrédules, nos Chrétiens judaïsants et nos docteurs fatalistes ont défiguré et déshonoré les mystères sublimes de notre sainte foi ; c'est ainsi qu'il ont confondu la nature du bien et du mal, transformé les passions les plus monstrueuses en attributs divins, et surpassé les païens dans leurs blasphèmes, en conférant à la nature éternelle, en guise de perfection, ce qui constitue chez les hommes les crimes les plus affreux. Les païens, plus grossiers, se contentaient de diviniser la luxure, l'inceste et l'adultère ; mais nos docteurs de la prédestination ont divinisé la cruauté, la colère, la fureur, la vengeance et tous les vices les plus noirs ». Voir Chevalier Ramsay, *Philosophical principles of natural and revealed religion*, part II, p. 401 [Glasgow, 1748-1749].

Le même auteur affirme ailleurs que les constructions des Arminiens et des Molinistes ne servent guère à changer les choses. Et après s'être ainsi jeté hors de toutes les sectes reçues du Christianisme, il est contraint de proposer son propre système qui est une sorte d'origénisme ; il suppose la préexistence des âmes des hommes et des bêtes de même que le salut éternel et la conversion de tous, hommes, bêtes et diables. Mais nous n'avons pas besoin de traiter de cette notion qui lui est tout à fait propre. J'estimais très singulières les opinions de cet ingénieux auteur, mais je ne prétends pas en garantir l'exactitude.

1. Rituel juif.

Romans were attacked with a pestilence, they never ascribed their sufferings to their vices, or dreamed of repentance and amendment. They never thought, that they were the general robbers of the world, whose ambition and avarice made desolate the earth and reduced opulent nations to want and beggary. They only created a dictator,* in order to drive a nail into a door; and by that means, they thought that they had sufficiently appeased their incensed deity.

2. In AEgina, one faction forming a conspiracy, barbarously and treacherously assassinated seven hundred of their fellow-citizens and carried their fury so far that, one miserable fugitive having fled to the temple, they cut off his hands, by which he clung to the gates, and carrying him out of holy ground, immediately murdered him. *By this impiety*, says Herodotus,* (not by the other many cruel assassinations) *they offended the gods, and contracted an inexpiable guilt.*

3. Nay, if we should suppose, what never happens, that a popular religion were found, in which it was expressly declared that nothing but morality could gain the divine favour; if an order of priests were instituted to inculcate this opinion, in daily sermons, and with all the arts of persuasion, yet so inveterate are the people's prejudices, that, for want of some other superstition, they would make the very attendance on these sermons the essentials of religion, rather than place them in virtue and good

---

* Called Dictator clavis figendae causa. T. Livii, lib. VII. cap. 3.
** Lib. VI.

Romains étaient frappés par la peste, ils ne rapportaient jamais leurs souffrances à leurs vices ni ne songeaient à se repentir et s'amender. Jamais il ne leur venait à l'esprit qu'ils étaient les grands voleurs de l'univers, eux dont l'ambition et l'avarice ravageaient toute la terre et réduisaient les nations opulentes au besoin et à la mendicité. Ils se contentaient de créer un dictateur pour qu'il plantât un clou dans une porte *, et ils pensaient que par ce moyen ils avaient suffisamment apaisé leur divinité courroucée.

2. Une faction d'Égine, qui avait formé une conspiration, assassina sauvagement et perfidement sept cents de ses concitoyens ; et elle poussa sa fureur jusqu'à couper les mains d'un malheureux qui avait fui vers le temple et qui s'accrochait aux barrières ; et l'ayant porté hors de l'enceinte sacrée, elle le mit à mort sur le champ. *Par cette impiété*, dit Hérodote ** (et non par leurs nombreux autres crimes sanglants), *ils offensèrent les dieux et commirent une faute inexpiable.*

3. Supposons même, ce qui n'arrive jamais, qu'on trouve une religion populaire déclarant expressément que seule la vie morale peut s'attirer la faveur divine ; supposons aussi qu'un ordre de prêtres soit institué pour inculquer cette opinion aux hommes, par des sermons quotidiens et avec toutes les ressources de la persuasion ; et pourtant, si profondément enracinés sont les préjugés du peuple que, par besoin de quelque superstition supplémentaire, il ferait consister l'essence de la religion en l'assistance à ces sermons, plutôt que de la placer dans la vertu et les bonnes

* « Appelé *dictateur pour planter le clou* », Tite-Live, *Histoire romaine*, liv. VII, 3, 3-4.
** Hérodote, *Histoires*, liv. VI, 99.

morals. The sublime prologue of Zaleucus's laws * inspired not the Locrians, so far as we can learn, with any sounder notions of the measures of acceptance with the deity, than were familiar to the other Greeks.

4. This observation, then, holds universally. But still one may be at some loss to account for it. It is sufficient to observe that the people, every where, degrade their deities into a similitude with themselves, and consider them merely as a species of human creatures, somewhat more potent and intelligent. This will not remove the difficulty. For there is no *man* so stupid as that, judging by his natural reason, he would not esteem virtue and honesty the most valuable qualities, which any person could possess. Why not ascribe the same sentiment to his deity? Why not make all religion, or the chief part of it, to consist in these attainments?

5. Nor is it satisfactory to say, that the practice of morality is more difficult than that of superstition; and is therefore rejected. For, not to mention the excessive pennances of the *Brachmans* and *Talapoins*, it is certain, that the *Rhamadan* of the Turks, during which the poor wretches, for many days, often in the hottest months of the year, and in some of the hottest climates of the world, remain without eating or drinking from the rising to the setting sun – this *Rhamadan*, I say, must be more severe than the practice of any moral duty, even to the most vicious and depraved of mankind. The four lents of the Muscovites, and the austerities of some *Roman Catholics*, appear

---

* To be found in Diod. Sic. lib. XII.

mœurs. Nous ne voyons pas que le sublime prologue des lois de Zaleucos * ait inspiré aux Locriens des notions plus saines des moyens de plaire à la divinité que n'en avaient ordinairement les autres Grecs.

4. Cette observation vaut donc universellement. Mais on peut avoir encore quelque difficulté à en rendre compte. Car il ne suffit pas de remarquer que partout le peuple dégrade ses divinités jusqu'à les rendre semblables à lui-même, et qu'il les considère simplement comme des sortes de créatures humaines, un peu plus puissantes et intelligentes. La difficulté reste entière. Car il n'y pas *d'être humain* si stupide qu'il n'estime, en jugeant par sa raison naturelle, que la vertu et l'honnêteté sont les qualités les plus valables qu'on puisse posséder. Pourquoi ne pas attribuer le même sentiment à la divinité ? Pourquoi ne pas faire consister dans leur acquisition toute la religion, ou sa partie principale ?

5. Il n'est pas plus satisfaisant de dire que la pratique de la morale est plus difficile que celle de la superstition, et qu'elle est rejetée pour cela. Car, pour ne pas mentionner les pénitences excessives des Brahmanes et des Talapoins [1], il est certain que le Ramadan des Turcs pendant lequel de pauvres malheureux, jour après jour, souvent aux mois les plus chauds de l'année et dans l'un des climats les plus ardents du monde, restent sans manger ni boire du lever au coucher du soleil – il est certain, dis-je, que ce Ramadan doit être beaucoup plus dur que la pratique de n'importe quel devoir moral, même pour l'homme le plus corrompu et le plus dépravé. Les quatre carêmes des Moscovites et les austérités de quelques Catholiques Romains apparaissent

---

* Diodore de Sicile, *Bibliothèque historique*, liv. XII, 20, 1 *sq.*

1. Nom qu'on donne en Inde, dans le Pegu, aux moines bouddhistes.

more disagreeable than meekness and benevolence. In short, all virtue, when men are reconciled to it by ever so little practice, is agreeable; all superstition is for ever odious and burthensome.

6. Perhaps, the following account may be received as a true solution of the difficulty. The duties which a man performs as a friend or parent, seem merely owing to his benefactor or children; nor can he be wanting to these duties, without breaking through all the ties of nature and morality. A strong inclination may prompt him to the performance; a sentiment of order and moral obligation joins its force to these natural ties; and the whole man, if truly virtuous, is drawn to his duty, without any effort or endeavour. Even with regard to the virtues, which are more austere and more founded on reflection, such as public spirit, filial duty, temperance, or integrity, the moral obligation, in our apprehension, removes all pretension to religious merit; and the virtuous conduct is deemed no more than what we owe to society and to ourselves. In all this, a superstitious man finds nothing which he has properly performed for the sake of this deity, or which can peculiarly recommend him to the divine favour and protection. He considers not that the most genuine method of serving the divinity is by promoting the happiness of his creatures. He still looks out for some more immediate service of the Supreme Being, in order to allay those terrors with which he is haunted. And any practice recommended to him, which either serves to no purpose in life or offers the strongest violence to his natural inclinations – that practice he will the more readily embrace, on account of those very circumstances which should make him absolutely reject it. It seems the more purely religious, because it proceeds

plus désagréables que la douceur et la bienveillance. En un mot, toute vertu est agréable, dès que la moindre pratique nous réconcilie avec elle. Toute superstition est à jamais odieuse et pénible.

6. Peut-être accueillera-t-on l'explication suivante comme la véritable solution de la difficulté. Les devoirs qu'un homme accomplit en tant qu'ami ou père semblent des choses évidentes qu'il doit à son bienfaiteur ou à ses enfants ; et il ne peut manquer à ces devoirs sans rompre tous les liens de la nature et de la morale. Une forte inclination peut le pousser à les accomplir ; un sentiment d'ordre et d'obligation morale renforce ces liens naturels, et l'homme tout entier, s'il est vraiment vertueux, est conduit à son devoir sans effort et sans peine. Même pour les vertus qui sont plus austères et qui dépendent davantage de la réflexion, comme le sens public, le devoir filial, la tempérance ou la probité, l'obligation morale, telle que nous la saisissons, écarte toute prétention à un mérite religieux ; et la conduite vertueuse n'est, jugeons-nous, rien de plus que ce que nous devons à la société et à notre propre personne. En tout ceci, le superstitieux ne trouve rien qu'il ait proprement accompli en l'honneur de son dieu ou qui puisse le recommander particulièrement à la faveur et à la protection divine. Il ne voit pas que la méthode la plus pure de servir la Divinité est de promouvoir le bonheur de ses créatures. Il est encore à la recherche de quelque service plus immédiat de l'Être Suprême, afin d'apaiser les terreurs qui le hantent. Qu'on lui recommande une pratique qui ne sert aucune fin dans l'existence ou qui fasse une extrême violence à ses inclinations naturelles : il l'embrassera très volontiers, en raison même des circonstances qui devraient la lui faire rejeter complètement. Elle semble d'autant plus religieuse qu'elle ne fait intervenir

from no mixture of any other motive or consideration. And if, for its sake, he sacrifices much of his ease and quiet, his claim of merit appears still to rise upon him, in proportion to the zeal and devotion which he discovers. In restoring a loan, or paying a debt, his divinity is nowise beholden to him; because these acts of justice are what he was bound to perform, and what many would have performed, were there no god in the universe. But if he fast a day, or give himself a sound whipping, this has a direct reference, in his opinion, to the service of God. No other motive could engage him to such austerities. By these distinguished marks of devotion, he has now acquired the divine favour and may expect, in recompence, protection and safety in this world, and eternal happiness in the next.

7. Hence the greatest crimes have been found, in many instances, compatible with a superstitious piety and devotion; hence, it is justly regarded as unsafe to draw any certain inference in favour of a man's morals from the fervour or strictness of his religious exercises, even though he himself believe them sincere. Nay, it has been observed that enormities of the blackest dye have been rather apt to produce superstitious terrors, and encrease the religious passion. Bomilcar, having formed a conspiracy for assassinating at once the whole senate of Carthage, and invading the liberties of his country, lost the opportunity, from a continual regard to omens and prophecies. *Those who undertake the most criminal and most dangerous enterprizes are commonly the most superstitious*; as an ancient historian* remarks on this occasion.

---

* Diod. Sic. lib. XV.

absolument aucun autre motif ni aucune autre considération. Et s'il lui sacrifie une grande part de son bien-être et de son repos, il semble accumuler ses droits au mérite, en proportion du zèle et de la dévotion qu'il laisse voir. S'il restitue un prêt ou paye une dette, son dieu ne lui doit aucune obligation, car ces actes de justice sont ce qu'il avait à accomplir et ce que beaucoup accompliraient s'il n'y avait pas de dieu dans l'univers. Mais s'il jeûne un jour ou s'il se donne la discipline, voilà à ses yeux quelque chose qui se rapporte directement au service de Dieu. Aucun autre motif ne saurait l'engager à de telles austérités. Par ces marques éminentes de dévotion, il a maintenant acquis la faveur divine et il peut attendre en récompense protection et sécurité en ce monde et bonheur éternel dans l'autre.

7. C'est pourquoi l'on a vu très souvent les plus grands crimes s'associer à une piété et à une dévotion superstitieuse ; c'est pourquoi l'on considère à juste titre qu'il serait imprudent de conclure en faveur de la moralité d'un homme, à partir de la ferveur et de la sévérité de ses exercices religieux, les jugeât-il lui-même sincères. Bien plus, on a observé que les atrocités les plus noires ont plutôt eu tendance à engendrer des terreurs superstitieuses et à augmenter la passion religieuse. Bomilcar, qui avait formé une conspiration afin d'assassiner d'un seul coup tout le sénat de Carthage et de supprimer les libertés de son pays, manqua l'occasion parce qu'il ne cessait de se préoccuper des augures et des prophéties. *Ceux qui entreprennent les actions les plus criminelles et les plus dangereuses sont en général les plus superstitieux*, remarque un historien de l'antiquité[*].

---

[*] Diodore de Sicile, *Bibliothèque historique*, liv. XX, 43, 1.

Their devotion and spiritual faith rise with their fears. Catiline was not contented with the established deities, and received rites of the national religion; his anxious terrors made him seek new inventions of this kind; * which he never probably had dreamed of, had he remained a good citizen and obedient to the laws of his country.

8. To which we may add that, after the commission of crimes, there arise remorses and secret horrors, which give no rest to the mind, but make it have recourse to religious rites and ceremonies, as expiations of its offences. Whatever weakens or disorders the internal frame promotes the interests of superstition; and nothing is more destructive to them than a manly, steady virtue, which either preserves us from disastrous, melancholy accidents, or teaches us to bear them. During such calm sunshine of the mind, these spectres of false divinity never make their appearance. On the other hand, while we abandon ourselves to the natural undisciplined suggestions of our timid and anxious hearts, every kind of barbarity is ascribed to the Supreme Being, from the terrors with which we are agitated; and every kind of caprice, from the methods which we embrace in order to appease him. *Barbarity, caprice*; these qualities, however nominally disguised, we may universally observe, form the ruling character of the deity in popular religions. Even priests, instead of correcting these depraved ideas of mankind, have often been found ready to foster and encourage them. The more tremendous the divinity is represented, the more tame and submissive do men become to his ministers;

* Cic. Catil. i. Sallust. de bello Catil.

Leur dévotion et leur foi spirituelle s'accroissent avec leurs craintes. Les divinités établies et les rites reçus de la religion nationale ne suffisaient pas à Catilina : ses terreurs, inquiètes lui firent chercher de nouvelles inventions de cette sorte * ; il n'y aurait jamais songé s'il était demeuré un bon citoyen, obéissant aux lois de son pays.

8. Et nous pouvons ajouter à cela que, le crime une fois accompli, viennent les remords et les affres secrètes qui, privant l'esprit de tout repos, le poussent à recourir aux rites et aux cérémonies religieuses, en expiation de ses méfaits. Tout ce qui affaiblit ou trouble les dispositions intérieures de l'homme favorise les intérêts de la superstition ; et rien ne les détruit mieux qu'une vertu ferme et virile, qui préserve l'âme de tout accident funeste et mélancolique ou qui lui enseigne à les supporter. Quand elle est éclairée par la lumière calme d'un tel soleil, ces spectres de fausse divinité n'apparaissent jamais. À l'inverse, quand nous nous abandonnons aux suggestions naturelles et indisciplinées de nos cœurs timides et craintifs, alors nous ne manquons pas d'attribuer toute espèce de barbarie à l'Être Suprême, à cause des terreurs qui nous agitent, et toute forme de caprice aussi, à cause des moyens que nous adoptons pour l'apaiser. *Barbarie*, *caprice*, sous quelque nom qu'on les déguise, constituent, comme on peut l'observer universellement, les traits dominants de la divinité dans les religions populaires. Souvent, les prêtres mêmes, au lieu de corriger ces idées dépravées des hommes, s'empressent de les entretenir et de les encourager. Plus on nous représente la divinité sous des couleurs redoutables et plus nous sommes dociles et soumis à ses ministres.

* Cicéron, *Première Catilinaire*, chap. 6. Salluste, *La conjuration de Catilina*, 22.

and the more unaccountable the measures of acceptance required by him, the more necessary does it become to abandon our natural reason and yield to their ghostly guidance and direction. Thus it may be allowed that the artifices of men aggravate our natural infirmities and follies of this kind, but never originally beget them. Their root strikes deeper into the mind, and springs from the essential and universal properties of human nature.

SECTION XV.
GENERAL COROLLARY

1. Though the stupidity of men, barbarous and uninstructed, be so great that they may not see a sovereign author in the more obvious works of nature, to which they are so much familiarized; yet it scarcely seems possible that any one of good understanding should reject that idea, when once it is suggested to him. A purpose, an intention, a design is evident in every thing; and when our comprehension is so far enlarged as to contemplate the first rise of this visible system, we must adopt, with the strongest conviction, the idea of some intelligent cause or author. The uniform maxims too, which prevail throughout the whole frame of the universe, naturally, if not necessarily, lead us to conceive this intelligence as single and undivided, where the prejudices of education oppose not so reasonable a theory. Even the contrarieties of nature, by discovering themselves every where, become proofs of some consistent plan, and establish one single purpose or intention, however inexplicable and incomprehensible.

2. Good and ill are universally intermingled and confounded, happiness and misery, wisdom and folly, virtue and vice. Nothing is pure and entirely of a piece.

Plus les moyens requis pour lui plaire sont étranges et plus il nous faut quitter notre raison naturelle et nous livrer aux conseils et à la direction spirituelle du clergé. Posons donc que les artifices des hommes aggravent ces sortes de faiblesses et de folies naturelles, mais qu'ils ne les engendrent jamais au départ. Elles poussent des racines plus profondes dans l'esprit et elles naissent des propriétés essentielles et universelles de la nature humaine.

XV. Corollaire général

1. Bien que l'homme barbare et inculte soit assez stupide pour ne pas découvrir un auteur souverain dans les œuvres les plus manifestes de la nature, œuvres qui lui sont si familières, il semble pourtant presque impossible qu'un être doué d'une intelligence saine rejette cette idée, une fois qu'elle lui a été présentée. Un projet, une intention, un dessein sont évidents en toutes choses ; et quand notre compréhension s'élargit au point de contempler la première origine de ce système visible, nous devons adopter, avec la plus forte conviction, l'idée d'une cause ou d'un auteur intelligent. De plus les maximes uniformes qui prévalent à travers l'entier agencement de l'univers nous conduisent naturellement, sinon nécessairement, à concevoir cette intelligence comme unique et indivise, quand les préjugés de l'éducation ne s'opposent pas à une théorie aussi raisonnable. Même les contrariétés de la nature, en se découvrant partout, deviennent la preuve d'un plan cohérent et annoncent un projet, une intention unique, quelque inexplicable et incompréhensible qu'elle soit.

2. Le bien et le mal se mêlent et se confondent universellement ; de même le bonheur et le malheur, la sagesse et la folie, la vertu et le vice. Rien n'est pur ni tout d'une pièce.

All advantages are attended with disadvantages. An universal compensation prevails in all conditions of being and existence. And it is not possible for us, by our most chimerical wishes, to form the idea of a station or situation altogether desirable. The draughts of life, according to the poet's fiction, are always mixed from the vessels on each hand of Jupiter; or if any cup be presented altogether pure, it is drawn only, as the same poet tells us, from the left-handed vessel.

3. The more exquisite any good is, of which a small specimen is afforded us, the sharper is the evil, allied to it; and few exceptions are found to this uniform law of nature. The most sprightly wit borders on madness; the highest effusions of joy produce the deepest melancholy; the most ravishing pleasures are attended with the most cruel lassitude and disgust; the most flattering hopes make way for the severest disappointments. And, in general, no course of life has such safety (for happiness is not to be dreamed of) as the temperate and moderate, which maintains, as far as possible, a mediocrity, and a kind of insensibility, in every thing.

4. As the good, the great, the sublime, the ravishing are found eminently in the genuine principles of theism, it may be expected, from the analogy of nature, that the base, the absurd, the mean, the terrifying will be equally discovered in religious fictions and chimeras.

5. The universal propensity to believe in invisible, intelligent power, if not an original instinct, being at least a general attendant of human nature, may be considered as a kind of mark or stamp, which the divine workman has set upon his work; and nothing surely

Tous les avantages s'accompagnent d'inconvénients. Une compensation universelle s'impose dans toutes les conditions d'être et d'existence. Et nos vœux les plus chimériques ne peuvent se former l'idée d'un état ou d'une situation parfaitement désirable. Le breuvage de la vie, selon l'image du poète, est toujours un mélange tiré des urnes que Jupiter tient en ses deux mains ; et, si une coupe parfaitement pure nous est présentée, poursuit le poète, elle nous est versée de l'urne qui est dans la main gauche [1].

3. Plus un bien est exquis, chose qu'il ne nous est guère donné de goûter, plus aigu est le mal qui l'accompagne. L'esprit le plus vif confine à la folie ; les plus hautes effusions de joie engendrent la mélancolie la plus profonde ; les plaisirs les plus enivrants sont suivis de la fatigue et du dégoût les plus amers ; les espoirs les plus flatteurs ouvrent la voie aux déceptions les plus vives. Et, en règle générale, nulle existence n'offre autant de sécurité – car il ne faut pas rêver au bonheur – qu'une existence tempérée et modérée restant, autant que possible, dans la médiocrité et contractant une sorte d'insensibilité en toutes choses.

4. Comme le bon, le grand, le sublime, le ravissant se trouvent au suprême degré dans les purs principes du théisme, on peut s'attendre, par l'analogie de la nature, à ce que le bas, l'absurde, le médiocre, le terrifiant soient également présents dans les fictions et les chimères religieuses.

5. La tendance universelle à croire en une puissance invisible et intelligente, si elle n'est pas un instinct originel, est du moins un trait général de la nature humaine et peut être considérée comme une sorte de marque ou de cachet que l'ouvrier divin a laissé sur son œuvre ; et rien assurément

---

1. Homère, *Iliade*, chant XXIV, v. 529-533.

can more dignify mankind, than to be thus selected from all other parts of the creation, and to bear the image or impression of the universal Creator. But consult this image, as it appears in the popular religions of the world. How is the deity disfigured in our representations of him! What caprice, absurdity, and immorality are attributed to him! How much is he degraded even below the character which we should naturally, in common life, ascribe to a man of sense and virtue!

6. What a noble privilege is it of human reason to attain the knowledge of the Supreme Being; and, from the visible works of nature, be enabled to infer so sublime a principle as its supreme Creator! But turn the reverse of the medal. Survey most nations and most ages. Examine the religious principles which have, in fact, prevailed in the world. You will scarcely be persuaded that they are any thing but sick men's dreams; or perhaps will regard them more as the playsome whimsies of monkies in human shape, than the serious, positive, dogmatical asseverations of a being who dignifies himself with the name of rational.

7. Hear the verbal protestations of all men : nothing so certain as their religious tenets. Examine their lives : you will scarcely think that they repose the smallest confidence in them.

8. The greatest and truest zeal gives us no security against hypocrisy ; the most open impiety is attended with a secret dread and compunction.

ne peut plus élever la dignité du genre humain que d'être ainsi élu, entre toutes les autres parties de la création, pour porter l'image ou l'impression du Créateur universel. Mais consultez cette image, telle qu'elle apparaît dans les religions populaires du monde. Comme nos représentations défigurent la divinité ! Quel caprice, quelle absurdité, quelle immoralité ne lui attribuent-elles pas ! À quelle dégradation la portent-elles, lui ôtant jusqu'aux caractères que nous accorderions naturellement, dans la vie courante, à un homme de sens et de vertu !

6. Quel noble privilège, pour la raison humaine, que de s'élever à la connaissance de l'Être suprême et, partant des œuvres visibles de la nature, de réussir à poser un principe aussi sublime que son Créateur suprême ! Mais voyez le revers de la médaille. Observez la plupart des nations et la plupart des époques. Examinez les principes religieux qui se sont en fait imposés dans le monde. Vous vous persuaderez difficilement qu'ils sont autre chose que les rêves d'un homme malade. Ou peut-être les considérerez-vous comme les jeux et les fantaisies d'un singe vêtu d'une forme humaine plutôt que comme les affirmations sérieuses, positives et dogmatiques de celui qui se glorifie du titre d'être rationnel.

7. Écoutez les protestations de tous les hommes : rien de si certain que leurs dogmes religieux. Examinez leur vie : vous aurez peine à croire qu'ils y placent la moindre confiance.

8. Le zèle le plus grand et le plus sincère n'est pas une garantie contre l'hypocrisie ; l'impiété la plus déclarée s'accompagne d'une crainte et d'un remords secret.

9. No theological absurdities so glaring that they have not, sometimes, been embraced by men of the greatest and most cultivated understanding. No religious precepts so rigorous that they have not been adopted by the most voluptuous and most abandoned of men.

10. *Ignorance is the mother of Devotion* : a maxim that is proverbial, and confirmed by general experience. Look out for a people, entirely destitute of religion : if you find them at all, be assured that they are but few degrees removed from brutes.

11. What so pure as some of the morals, included in some theological systems? What so corrupt as some of the practices to which these systems give rise?

12. The comfortable views, exhibited by the belief of futurity, are ravishing and delightful. But how quickly vanish on the appearance of its terrors, which keep a more firm and durable possession of the human mind?

13. The whole is a riddle, an aenigma, an inexplicable mystery. Doubt, uncertainty, suspence of judgment appear the only result of our most accurate scrutiny, concerning this subject. But such is the frailty of human reason, and such the irresistible contagion of opinion, that even this deliberate doubt could scarcely be upheld; did we not enlarge our view, and opposing one species of superstition to another, set them a quarrelling; while we ourselves, during their fury and contention, happily make our escape, into the calm, though obscure, regions of philosophy.

9. Il n'est en théologie aucune absurdité si manifeste qui n'ait été embrassée un jour par des hommes doués de l'intelligence la plus grande et la plus raffinée. Il n'est aucun précepte si rigoureux qui n'ait été adopté par les hommes les plus voluptueux et les plus dépravés.

10. *L'ignorance est la mère de la dévotion.* Maxime proverbiale et confirmée par l'expérience générale ! Cherchez un peuple entièrement dépourvu de religion. Si vous réussissez à le trouver, soyez sûr qu'il ne s'écarte des bêtes que de quelques degrés.

11. Rien de si pur que certaines morales contenues dans certains systèmes théologiques ? Quoi de plus corrompu que certaines pratiques auxquelles ces systèmes ont donné lieu ?

12. La croyance en la vie future ouvre des perspectives agréables, pleines de charme et d'agrément. Mais avec quelle rapidité elles s'effacent, lorsque paraissent les images terribles que cette même croyance renferme et dont l'impression sur l'esprit humain est beaucoup plus ferme et plus durable !

13. Le tout est un abîme, une énigme, un mystère inexplicable. Le doute, l'incertitude, la suspension de jugement semblent les seuls résultats de notre examen le plus attentif sur ce sujet. Mais telle est la fragilité de la raison humaine, et telle est l'irrésistible contagion de l'opinion que nous aurions peine à maintenir jusqu'à ce doute délibéré, si nous n'élargissions pas notre vue et si, opposant une espèce de superstition à une autre, nous ne les maintenions en guerre, pendant que de notre côté, les laissant à leurs fureurs et à leurs combats, nous avons le bonheur de nous échapper vers les régions calmes, quoique obscures, de la philosophie.

OF SUICIDE

1. One considerable advantage that arises from philosophy, consists in the sovereign antidote which it affords to superstition and false religion. All other remedies against that pestilent distemper are vain or, at least, uncertain. Plain good-sense and the practice of the world, which alone serve most purposes of life, are here found ineffectual. History, as well as daily experience, affords instances of men endowed with the strongest capacity for business and affairs, who have all their lives crouched under slavery to the grossest superstition. Even gaiety and sweetness of temper, which infuse a balm into every other wound, afford no remedy to so virulent a poison; as we may particularly observe of the fair sex, who, tho' commonly possessed of these rich presents of nature, feel many of their joys blasted by this importunate intruder. But when sound philosophy has once gained possession of the mind, superstition is effectually excluded; and one may safely affirm that her triumph over this enemy is more compleat than over most of the vices and imperfections, incident to human nature. Love or anger, ambition or avarice, have their root in the temper and affections, which the soundest reason is scarce ever able fully to correct. But superstition,

DU SUICIDE

1. Un des grands avantages de la philosophie réside
dans le parfait antidote qu'elle procure contre la superstition
et la fausse religion. Face à cette maladie pestilentielle,
tous les autres remèdes sont vains ou du moins incertains.
Le simple bon sens et l'usage du monde, qui suffisent à
servir la plupart des desseins de la vie, se trouvent ici sans
effet. L'histoire aussi bien que l'expérience quotidienne
nous donnent l'exemple de certains hommes qui, en dépit
des dons les plus remarquables pour les affaires et les
tâches de ce monde, sont restés toute leur vie courbés sous
l'esclavage de la plus grossière superstition. Même la
gaieté et la douceur de caractère, qui versent un baume sur
toute autre blessure, n'apportent aucun remède contre ce
poison si virulent, comme nous pouvons l'observer en
particulier chez le beau sexe qui, quoique communément
doué de ces riches présents de la nature, sent souvent ses
joies détruites par cet intrus importun. Mais lorsqu'une
saine philosophie a pris possession de l'esprit, la superstition
s'en trouve efficacement chassée ; et l'on peut affirmer
sans crainte que son triomphe sur cet ennemi est plus
complet que sur la plupart des vices et des imperfections
tenant à la nature humaine. L'amour et la colère, l'ambition
et l'avarice ont leur racine dans un caractère et dans
des dispositions que la plus saine raison ne peut presque
jamais corriger complètement ; mais la superstition,

being founded on false opinion, must immediately vanish, when true philosophy has inspired juster sentiments of superior powers. The contest is here more equal between the distemper and the medicine ; and nothing can hinder the latter from proving effectual, but its being false and sophisticated.

2. It will here be superfluous to magnify the merits of philosophy, by displaying the pernicious tendency of that vice of which it cures the human mind. The superstitious man, says *Tully*,* is miserable in every scene, in every incident of life. Even sleep itself, which banishes all other cares of unhappy mortals, affords to him matter of new terror ; while he examines his dreams and finds in those visions of the night, prognostications of future calamities. I may add that, tho' death alone can put a full period to his misery, he dares not fly to this refuge, but still prolongs a miserable existence, from a vain fear, lest he offend his maker, by using the power with which that beneficent being has endowed him. The presents of God and Nature are ravished from us by this cruel enemy ; and notwithstanding that one step would remove us from the regions of pain and sorrow, her menaces still chain us down to a hated being, which she herself chiefly contributes to render miserable.

3. It is observed of such as have been reduced by the calamities of life to the necessity of employing this fatal remedy, that, if the unseasonable care of their friends deprive them of that species of death which they proposed to themselves, they seldom venture upon any other, or can summon up so much resolution, a second time, as to execute their purpose. So great is our horror of death that when it presents itself under any form, besides that to which a man

* *De Divin.* lib. II.

qui est fondée sur une fausse opinion, doit s'évanouir aussitôt que la vraie philosophie a inspiré de plus justes sentiments des puissances supérieures. Le combat est ici plus égal entre la maladie et le remède, et rien ne peut empêcher ce dernier de se montrer efficace, si on l'utilise correctement et sans détours.

2. Il sera inutile de vanter ici les mérites de la philosophie, en exposant les tendances pernicieuses du vice dont elle guérit l'esprit humain. L'homme superstitieux, dit Cicéron*, est malheureux en tout lieu et à tout moment de la vie ; même le sommeil, qui chasse tous les autres soucis des pauvres mortels, lui apporte la matière de nouvelles terreurs, quand il interroge ses rêves et découvre dans ses visions nocturnes le présage de futurs malheurs. Je peux ajouter que, quoique la mort seule puisse mettre un terme à sa misère, il n'ose pas voler vers ce refuge, mais prolonge encore une misérable existence, poussé par la vaine crainte d'offenser son auteur, en usant du pouvoir dont cet Être bienveillant l'a doué. Cette cruelle ennemie nous ravit les présents de Dieu et de la nature, et bien qu'un seul pas nous ôterait des terres de la souffrance et du chagrin, ses menaces nous enchaînent encore à une existence haïe, qu'elle contribue largement elle-même à rendre misérable.

3. Il est observé de ceux que les malheurs de la vie ont réduits à la nécessité d'employer ce remède fatal que, si le soin inopportun de leurs amis les prive de cette sorte de mort qu'ils se proposaient, ils osent rarement choisir un autre moyen et ont peine à trouver une seconde fois assez de résolution pour exécuter leur dessein. Si grande est notre horreur de la mort que, lorsqu'elle se présente sous une autre forme que celle à laquelle nous avions essayé

---

* Cicéron, *De la divination*, liv. II, 72, 148.

has endeavoured to reconcile his imagination, it acquires new terrors and overcomes his feeble courage. But when the menaces of superstition are joined to this natural timidity, no wonder it quite deprives men of all power over their lives; since even many pleasures and enjoyments, to which we are carried by a strong propensity, are torn from us by this inhuman tyrant. Let us here endeavour to restore men to their native liberty, by examining all the common arguments against suicide, and shewing that that action may be free from every imputation of guilt or blame; according to the sentiments of all the antient philosophers.

4. If suicide be criminal, it must be a transgression of our duty, either to God, our neighbour, or ourselves.

5. To prove that suicide is no transgression of our duty to God, the following considerations may perhaps suffice. In order to govern the material world, the almighty creator has established general and immutable laws, by which all bodies, from the greatest planet to the smallest particle of matter, are maintained in their proper sphere and function. To govern the animal world, he has endowed all living creatures with bodily and mental powers; with senses, passions, appetites, memory, and judgment, by which they are impelled or regulated in that course of life to which they are destined. These two distinct principles of the material and animal world continually encroach upon each other, and mutually retard or forward each other's operation. The powers of men and of all other animals are restrained and directed by the nature and qualities of the surrounding bodies; and the modifications and actions of these bodies are incessantly altered by the operation of all animals. Man is stopped by rivers in his passage over

d'accorder notre imagination, elle s'entoure de nouvelles terreurs et triomphe de notre faible courage. Et il n'est pas surprenant que, quand les menaces de la superstition se joignent à cette frayeur naturelle, les hommes se trouvent complètement privés de tout pouvoir sur leur vie, car même les plaisirs et les joies auxquels une forte inclination nous porte nous sont souvent ravis par ce tyran inhumain. Essayons ici de rendre aux hommes leur liberté naturelle, en examinant tous les arguments qu'on oppose d'ordinaire au suicide et en montrant que cette action peut être jugée innocente et louable, comme le pensaient tous les anciens philosophes.

4. Si le suicide est criminel, il doit être la transgression de notre devoir envers Dieu, envers notre prochain ou envers nous-mêmes.

5. Les considérations suivantes suffiront peut-être à prouver que le suicide n'est pas une transgression de notre devoir envers Dieu. Pour gouverner le monde matériel, le Créateur tout-puissant a établi des lois générales immuables qui maintiennent tous les corps, de la plus grande planète à la plus petite particule de matière, dans leur sphère et leur fonction propres. Pour gouverner le monde animal, il a doté toutes les créatures vivantes de facultés corporelles et mentales : sens, passions, appétits, mémoire et jugement, qui les poussent et les dirigent dans le cours d'existence qui leur est assigné. Ces deux principes distincts du monde matériel et du monde animal interfèrent sans cesse et se retardent ou se favorisent mutuellement dans leurs opérations propres. La nature et les qualités des corps environnants bornent et orientent les pouvoirs de l'homme ou de tout autre animal ; et les modifications et les actions de ces corps sont incessamment altérées par l'intervention de tous les animaux. Les fleuves s'opposent à la marche de l'homme

the surface of the earth; and rivers, when properly directed, lend their force to the motion of machines, which serve to the use of man. But tho' the provinces of the material and animal powers are not kept entirely separate, there result from thence no discord or disorder in the creation. On the contrary, from the mixture, union, and contrast of all the various powers of inanimate bodies and living creatures, arises that surprizing harmony and proportion, which affords the surest argument of supreme wisdom.

6. The providence of the deity appears not immediately in any operation, but governs every thing by those general and immutable laws which have been established from the beginning of time. All events, in one sense, may be pronounced the action of the almighty : they all proceed from those powers with which he has endowed his creatures. A house, which falls by its own weight, is not brought to ruin by his providence more than one destroyed by the hands of men; nor are the human faculties less his workmanship than the laws of motion and gravitation. When the passions play, when the judgment dictates, when the limbs obey, this is all the operation of God; and upon these animate principles, as well as upon the inanimate, has he established the government of the universe.

7. Every event is alike important in the eyes of that infinite being who takes in, at one glance, the most distant regions of space and remotest periods of time. There is no one event, however important to us, which he has exempted from the general laws that govern the universe, or which he has peculiarly reserved for his own immediate action and operation. The revolutions of

sur la surface de la terre ; et ces mêmes fleuves, quand ils sont bien dirigés, prêtent leur force au mouvement des machines qui sont à l'usage de l'homme. Mais bien que les champs d'action respectifs des puissances matérielles et animales ne soient pas tenus entièrement séparés, il n'en résulte cependant aucune discorde, aucun désordre dans la création ; au contraire, le mélange, l'union et le contraste de tous les divers pouvoirs des corps inanimés et des créatures vivantes produisent cette harmonie, cette proportion qui apporte le plus sûr argument en faveur de la Sagesse Suprême.

6. La Providence divine n'apparaît pas immédiatement en chaque opération, mais gouverne le tout par les lois générales et immuables, qui ont été établies depuis le commencement des temps. En un sens on peut affirmer que chaque événement est produit par le Tout-Puissant et procède des pouvoirs dont il a doté ses créatures. La Providence divine n'est pas plus responsable de la ruine d'une maison qui tombe sous l'effet de son propre poids que de celle d'une maison détruite par les mains de l'homme ; et les facultés humaines ne sont pas moins l'œuvre de Dieu que les lois du mouvement et de la gravitation. Le jeu des passions, les arrêts du jugement, l'obéissance des membres : tout est l'opération de Dieu ; et c'est aussi bien sur ces principes animés que sur les principes inanimés, qu'il a établi le gouvernement de l'univers.

7. Chaque événement a une égale importance aux yeux de cet Être infini qui, d'un seul regard, embrasse les régions les plus éloignées de l'espace et les périodes les plus reculées du temps. Il n'est aucun événement, si important soit-il pour nous, qu'il ait soustrait aux lois générales qui gouvernent l'univers ou pour lequel, en particulier, il se soit réservé d'agir et d'opérer immédiatement. Le renversement des

states and empires depend upon the smallest caprice or passion of single men; and the lives of men are shortened or extended by the smallest accident of air or diet, sunshine or tempest. Nature still continues her progress and operation; and if general laws be ever broke by particular volitions of the deity, it is after a manner which entirely escapes human observation. As, on the one hand, the elements and other inanimate parts of the creation carry on their action without regard to the particular interest and situation of men, so men are entrusted to their own judgment and discretion in the various shocks of matter, and may employ every faculty with which they are endowed, in order to provide for their ease, happiness, or preservation.

8. What is the meaning, then, of that principle, that a man who, tired of life, and hunted by pain and misery, bravely overcomes all the natural terrors of death, and makes his escape from this cruel scene; that such a man, I say, has incurred the indignation of his creator, by encroaching on the office of divine providence and disturbing the order of the universe? Shall we assert that the Almighty has reserved to himself, in any peculiar manner, the disposal of the lives of men, and has not submitted that event, in common with others, to the general laws by which the universe is governed? This is plainly false. The lives of men depend upon the same laws as the lives of all other animals; and these are subjected to the general laws of matter and motion. The fall of a tower or the infusion of a poison will destroy a man equally with the meanest creature; an inundation sweeps away every thing, without distinction, that comes within the reach of its fury. Since therefore the lives of men are

états et des empires dépend du moindre caprice, de la plus faible passion des individus ; et la vie des hommes est abrégée ou allongée par la moindre modification intervenant dans l'atmosphère ou dans leur alimentation, par l'éclat du soleil ou par la violence des vents. La nature poursuit toujours son cours et ses opérations ; et si des lois générales sont jamais violées par des volontés particulières de Dieu, c'est d'une manière qui échappe totalement à l'observation humaine. De même que les éléments et les autres parties inanimées de la création continuent d'agir, sans égard pour les intérêts ou pour la situation particulière des hommes, de même les hommes, secoués en tous sens par la matière, sont livrés à leur propre jugement et à leur propre décision, et peuvent employer toutes les facultés dont ils sont doués pour obtenir aise, bonheur et conservation.

8. Quel sens y a-t-il alors à dire que l'homme qui, fatigué de la vie et pourchassé par la souffrance et le malheur, triomphe courageusement de toutes les terreurs naturelles de la mort et s'échappe de cette scène cruelle, que cet homme, dis-je est l'objet de l'indignation de son Créateur, parce qu'il a empiété sur le domaine de la Providence divine et troublé l'ordre de l'univers ? Dirons-nous que le Tout-Puissant s'est réservé, d'une façon particulière, le droit de disposer de la vie humaine et n'a pas soumis cet événement, en même temps que les autres, aux lois générales qui gouvernent l'univers ? Ceci est manifestement faux : la vie humaine dépend des mêmes lois que la vie de tous les autres animaux ; et celle-ci est soumise aux lois générales de la matière et du mouvement. La chute d'une tour ou l'absorption d'un poison détruira aussi bien un homme que la plus insignifiante créature ; une inondation emporte sans distinction tout ce qui est à la portée de sa fureur. Ainsi, puisque la vie humaine ne

for ever dependent on the general laws of matter and motion, is a man's disposing of his life criminal, because, in every case, it is criminal to encroach upon these laws or disturb their operation? But this seems absurd. All animals are entrusted to their own prudence and skill for their conduct in the world, and have full authority, as far as their power extends, to alter all the operations of nature. Without the exercise of this authority, they could not subsist a moment. Every action, every motion of a man innovates in the order of some parts of matter and diverts, from their ordinary course, the general laws of motion. Putting together, therefore, these conclusions, we find, *that* human life depends upon the general laws of matter and motion, and *that* it is no encroachment on the office of Providence to disturb or alter these general laws. Has not every one, of consequence, the free disposal of his own life? And may he not lawfully employ that power with which nature has endowed him?

9. In order to destroy the evidence of this conclusion, we must shew a reason why this particular case is excepted. Is it because human life is of so great importance, that it is a presumption for human prudence to dispose of it? But the life of man is of no greater importance to the universe than that of an oyster. And were it of ever so great importance, the order of nature has actually submitted it to human prudence, and reduced us to a necessity, in every incident, of determining concerning it.

cesse de dépendre des lois générales de la matière et du mouvement, dirons-nous qu'un homme qui dispose de sa vie est criminel, parce que d'une façon absolue il est criminel d'empiéter sur ces lois ou de troubler leur opération? Mais ceci semble absurde : tous les animaux doivent se fier à leur propre prudence et à leur propre habileté, pour se conduire dans le monde ; et ils ont pleine autorité, dans la mesure de leur pouvoir, pour modifier toutes les opérations de la nature. Sans l'exercice de cette autorité, ils ne pourraient subsister un instant. Toute action, tout mouvement de l'homme instaure un ordre nouveau entre certaines parties de la matière et détourne de leur cours ordinaire les lois générales du mouvement. Si donc nous rassemblons ces conclusions, nous trouvons *que* la vie humaine dépend des lois générales de la matière et du mouvement, et *que* ce n'est pas empiéter sur le domaine de la Providence, que de perturber ou modifier ces lois générales. Chacun n'a-t-il pas par conséquent la libre disposition de sa propre vie? Et ne peut-il user légitimement de ce pouvoir dont la nature l'a doué?

9. Pour détruire l'évidence de cette conclusion, nous devons produire une raison qui permette de faire exception de ce cas particulier. Est-ce parce que la vie de l'homme est d'une si grande importance qu'en disposer serait trop de présomption pour la prudence humaine? Mais la vie de l'homme n'est pas d'une importance plus grande pour l'univers que celle d'une huître, et si jamais son importance est si grande, l'ordre de la nature l'a en réalité soumise à notre prudence et nous réduit en toute occasion à la nécessité de nous déterminer à son sujet.

10. Were the disposal of human life so much reserved as the peculiar province of the almighty that it were an encroachment on his right for men to dispose of their own lives, it would be equally criminal to act for the preservation of life as for its destruction. If I turn aside a stone, which is falling upon my head, I disturb the course of nature, and I invade the peculiar province of the almighty, by lengthening out my life, beyond the period which, by the general laws of matter and motion, he had assigned to it.

11. A hair, a fly, an insect is able to destroy this mighty being, whose life is of such importance. Is it an absurdity to suppose that human prudence may lawfully dispose of what depends on such insignificant causes?

12. It would be no crime in me to divert the *Nile* or *Danube* from its course, were I able to effect such purposes. Where then is the crime of turning a few ounces of blood from their natural chanels!

13. Do you imagine that I repine at Providence or curse my creation, because I go out of life, and put a period to a being which, were it to continue, would render me miserable? Far be such sentiments from me. I am only convinced of a matter of fact, which you yourself acknowledge possible, that human life may be unhappy and that my existence, if farther prolonged, would become uneligible. But I thank Providence, both for the good, which I have already enjoyed, and for the power, with which I am endowed, of escaping the ill that threatens me* To you it belongs to repine at Providence, who foolishly imagine

---

* *Agamus Deo gratias, quod nemo in vita teneri potest.* Seneca, *Epist.* XII.

10. Si le pouvoir de disposer de la vie humaine relevait si manifestement du domaine réservé du Tout-Puissant que ce serait pour les hommes porter atteinte à son droit en disposant de leur propre existence, il serait tout aussi criminel de travailler à préserver la vie que de travailler à la détruire. Si j'évite une pierre qui me tombe sur la tête, je trouble le cours de la nature, et j'empiète sur le domaine particulier du Tout-Puissant, en allongeant ma vie au-delà du temps qu'il m'a assigné, par les lois générales de la matière et du mouvement.

11. Un cheveu, une mouche, un insecte est capable de détruire cet être puissant dont la vie a une telle importance. Est-ce une absurdité de supposer que la prudence humaine peut légitimement disposer de ce qui dépend de causes aussi insignifiantes ?

12. Ce ne serait pas un crime de ma part de détourner le Nil ou le Danube de son cours, si j'étais capable de réaliser de tels desseins. Quel crime y a-t-il alors à détourner quelques onces de sang de leurs canaux naturels ?

13. Pensez-vous que je murmure contre la Providence ou que je maudisse ma création, parce que je quitte la vie et met fin à une existence qui, si elle devait continuer, me rendrait misérable ? Loin de moi de tels sentiments ! Je suis seulement convaincu d'un fait que vous reconnaîtrez vous-mêmes possible, à savoir que la vie humaine peut être malheureuse et que mon existence, prolongée plus longtemps, deviendrait indésirable. Mais je remercie la Providence à la fois pour les biens dont j'ai déjà joui et pour le pouvoir qu'elle m'a donné d'échapper aux maux qui me menacent[*]. C'est à vous qu'il appartient de murmurer contre la Providence, vous qui imaginez sottement

---

[*] « Rendons grâce à Dieu que nul ne puisse être retenu dans la vie », Sénèque, *Lettres à Lucilius*, lettre 12, 10.

that you have no such power and who must still prolong a hated being, tho' loaded with pain and sickness, with shame and poverty.

14. Do you not teach that, when any ill befalls me, tho' by the malice of my enemies, I ought to be resigned to Providence and that the actions of men are the operations of the almighty as much as the actions of inanimate beings? When I fall upon my own sword, therefore, I receive my death equally from the hands of the deity, as if it had proceeded from a lion, a precipice, or a fever.

15. The submission, which you require to Providence, in every calamity that befalls me, excludes not human skill and industry; if possibly, by their means, I can avoid or escape the calamity. And why may I not employ one remedy as well as another?

16. If my life be not my own, it were criminal for me to put it in danger, as well as to dispose of it : Nor could one man deserve the appellation of *Hero*, whom glory or friendship transports into the greatest dangers, and another merit the reproach of *Wretch* or *Miscreant*, who puts a period to his life, from the same or like motives.

17. There is no being which possesses any power or faculty, that it receives not from its creator; nor is there any one which, by ever so irregular an action, can encroach upon the plan of his providence, or disorder the universe. Its operations are his work equally with that chain of events which it invades; and which ever principle prevails, we may, for that very reason, conclude it to be most favoured by him. Be it animate or inanimate, rational or irrational, it is all a case : its power is still derived from the supreme creator, and is alike comprehended

que vous n'avez pas un tel pouvoir et qui devez prolonger une vie haïe, bien qu'elle ploie sous les maux et les maladies, sous la honte et la pauvreté.

14. N'enseignez-vous pas que, lorsqu'un malheur m'atteint, même si c'est par la malveillance de mes ennemis, je dois m'abandonner à la Providence, et que les actions des hommes sont l'opération du Tout-Puissant autant que les actions des êtres inanimés? Si, donc, je tombe sur mon épée, je reçois aussi ma mort des mains de la Divinité, comme si la cause en était un lion, un précipice ou une fièvre.

15. Cette soumission à la Providence, que vous me demandez en tout malheur qui me frappe, n'exclut pas l'habileté ni l'industrie humaine, si d'aventure je peux par leur moyen éviter ce malheur ou lui échapper. Et pourquoi ne puis-je pas employer un remède aussi bien qu'un autre?

16. Si ma vie ne m'appartenait pas, il serait criminel de ma part de la mettre en danger, aussi bien que d'en disposer; et nul homme qui, cherchant la gloire ou poussé par l'amitié, affronte les plus grands dangers, ne pourrait mériter le titre de *héros*, si celui qui met fin à ses jours pour des motifs identiques ou semblables mérite le reproche de *méchant ou d'impie*.

17. Aucun être ne possède de pouvoir ou de faculté qu'il ne tienne de son Créateur, ni ne peut par ses actes, si déréglés qu'ils soient, perturber le plan de la Providence ou déranger l'univers. Ses opérations sont l'œuvre divine tout autant que la chaîne d'événements qu'il trouble. Et nous pouvons conclure que le principe qui l'emporte, quel qu'il soit, est par là même celui qui a le plus la faveur de la Divinité. Qu'il soit animé ou inanimé, rationnel ou irrationnel, c'est toujours la même chose; sa puissance reste dérivée du Créateur Suprême et est également comprise

in the order of his providence. When the horror of pain prevails over the love of life, when a voluntary action anticipates the effect of blind causes, it is only in consequence of those powers and principles which he has implanted in his creatures. Divine Providence is still inviolate, and placed far beyond the reach of human injuries.

18. It is impious, says the old *Roman* superstition,* to divert rivers from their course or invade the prerogatives of nature. It is impious, says the *French* superstition, to inoculate for the small-pox or usurp the business of Providence, by voluntarily producing distempers and maladies. It is impious, says the modern *European* superstition, to put a period to our own life, and thereby rebel against our creator. And why not impious, say I, to build houses, cultivate the ground and sail upon the ocean? In all these actions, we employ our powers of mind and body to produce some innovation in the course of nature; and in none of them do we any more. They are all of them, therefore, equally innocent or equally criminal.

19. *But you are placed by Providence, like a sentinel, in a particular station; and when you desert it, without being recalled, you are guilty of rebellion against your almighty sovereign, and have incurred his displeasure.* I ask, why do you conclude, that Providence has placed me in this station? For my part, I find that I owe my birth to a long chain of causes, of which many and even the principal, depended upon voluntary actions of men. *But Providence guided all these causes, and nothing happens in the universe*

dans l'ordre de sa Providence. Quand l'horreur de la souffrance l'emporte sur l'amour de la vie, quand une action volontaire anticipe l'effet de causes aveugles, c'est seulement en conséquence des pouvoirs et des principes que Dieu a implantés dans ses créatures. La divine Providence reste inviolée et placée bien au-delà de toute atteinte humaine.

18. Il est impie, dit la vieille superstition romaine, de détourner les rivières de leur cours ou d'empiéter sur les prérogatives de la nature*. Il est impie, dit la superstition française, de vacciner contre la petite vérole ou de prendre sur soi la fonction de la Providence, en produisant volontairement des maux ou des maladies. Il est impie, dit la superstition européenne moderne, de mettre un terme à sa propre vie et par là de se révolter contre son Créateur. Et pourquoi n'est-il pas impie, dis-je, de construire des maisons, de cultiver la terre ou de naviguer sur l'océan ? Dans toutes ces actions, nous employons nos facultés intellectuelles et corporelles pour produire quelque nouveauté dans le cours de la nature ; et dans aucune nous ne faisons rien de plus. Elles sont donc toutes également innocentes ou également criminelles.

19. *Mais la Providence vous a placé comme une sentinelle, à un poste particulier ; et quand vous le désertez sans être rappelé, vous êtes également coupable de rébellion contre votre Souverain Tout-Puissant et vous devenez l'objet de son déplaisir.* Je demande : pourquoi concluez-vous que la Providence m'a placé à ce poste ? Pour ma part, je découvre que je dois ma naissance à une longue chaîne de causes, dont beaucoup et même la principale relevèrent d'actions volontaires humaines. *Mais la Providence a dirigé toutes ces causes et rien n'arrive dans l'univers,*

---

* Tacite, *Annales*, liv. I, 79.

without its consent and co-operation. If so, then neither does my death, however voluntary, happen without its consent; and whenever pain and sorrow so far overcome my patience as to make me tired of life, I may conclude that I am recalled from my station, in the clearest and most express terms.

20. It is Providence, surely, that has placed me at present in this chamber; but may I not leave it, when I think proper, without being liable to the imputation of having deserted my post or station? When I shall be dead, the principles of which I am composed, will still perform their part in the universe and will be equally useful in the grand fabric, as when they composed this individual creature. The difference to the whole will be no greater than between my being in a chamber and in the open air. The one change is of more importance to me than the other; but not more so to the universe.

21. It is a kind of blasphemy to imagine that any created being can disturb the order of the world, or invade the business of Providence. It supposes that that being possesses powers and faculties which it received not from its creator, and which are not subordinate to his government and authority. A man may disturb society, no doubt; and thereby incur the displeasure of the almighty; but the government of the world is placed far beyond his reach and violence. And how does it appear that the almighty is displeased with those actions that disturb society? By the principles which he has implanted in human nature, and which inspire us with a sentiment of remorse, if we ourselves have been guilty of such actions, and with that of blame and

sans son consentement et sans sa coopération. S'il en est ainsi, alors ma mort non plus, même volontaire, ne se produit pas sans son consentement ; et toutes les fois que la souffrance et le chagrin l'emportent sur mon endurance, au point de me rendre las de la vie, je peux conclure que je suis rappelé de mon poste, dans les termes les plus clairs et les plus explicites.

20. C'est assurément la Providence qui m'a placé, en ce moment présent, dans cette chambre ; mais ne puis-je pas la quitter, quand je le juge bon, sans être exposé à l'accusation d'avoir déserté mon poste ou ma position ? Quand je serai mort, les principes dont je suis composé joueront encore leur rôle dans l'univers et seront tout aussi utiles dans le grand édifice que dans cette créature individuelle qu'ils constituent. La différence pour le tout ne sera pas plus grande que si je suis dans une chambre au lieu d'être en plein air. L'un de ces changements a pour moi plus d'importance que l'autre, mais il n'en a pas autant pour l'univers.

21. C'est une sorte de blasphème d'imaginer qu'un être créé puisse troubler l'ordre de la nature ou empiéter sur les affaires de la Providence. C'est supposer que cet être possède des pouvoirs et des facultés qu'il n'a pas reçus de son créateur et qui ne sont pas soumis à son gouvernement ni à son autorité. Un homme peut troubler la société, sans doute, et par là encourir le déplaisir du Tout-Puissant ; mais le gouvernement du monde est placé bien au-delà de sa portée et de sa violence. Et comment voit-on que le Tout-Puissant est mécontent de ces actions qui troublent la société ? Par les principes qu'il a implanté dans l'âme humaine et qui nous inspirent un sentiment de remords, si nous nous sommes nous-mêmes rendus coupables de telles actions, ou un sentiment de blâme et

disapprobation, if we ever observe them in others. Let us now examine, according to the method proposed, whether suicide be of this kind of actions, and be a breach of our duty to our *neighbour* and to society.

22. A man, who retires from life, does no harm to society. He only ceases to do good; which, if it be an injury, is of the lowest kind.

23. All our obligations to do good to society seem to imply something reciprocal. I receive the benefits of society, and therefore ought to promote its interest. But when I withdraw myself altogether from society, can I be bound any longer?

24. But allowing that our obligations to do good were perpetual, they have certainly some bounds. I am not obliged to do a small good to society, at the expence of a great harm to myself. Why then should I prolong a miserable existence, because of some frivolous advantage, which the public may, perhaps, receive from me? If upon account of age and infirmities, I may lawfully resign any office, and employ my time altogether in fencing against these calamities, and alleviating, as much as possible, the miseries of my future life, why may I not cut short these miseries at once by an action which is no more prejudicial to society?

25. But suppose that it is no longer in my power to promote the interest of the public; suppose that I am a burthen to it; suppose that my life hinders some person from being much more useful to the public. In such cases my resignation of life must not only be innocent but laudable. And most people, who lie under any temptation to abandon existence, are in some such situation. Those, who have

de désapprobation, s'il nous arrive de les observer chez autrui. Examinons maintenant, selon la méthode proposée, si le suicide est l'une de ces sortes d'actions et s'il constitue une infraction à notre devoir envers notre *prochain* et envers la *société*.

22. Un homme qui se retire de la vie ne fait pas de mal à la société ; il cesse seulement de lui faire du bien, ce qui est un mal, si c'en est un, de la plus faible espèce.

23. Toutes nos obligations en vue du bien de la société semblent impliquer quelque chose de réciproque. Je reçois les bienfaits de la société et par conséquent je dois promouvoir ses intérêts ; mais quand je me retire complètement de la société, puis-je être lié plus longtemps ?

24. Mais admettons que toutes nos obligations à faire le bien soient perpétuelles, elles ont certainement des limites : je ne suis pas obligé de faire un bien qui est de peu de poids pour la société au prix d'un grand mal pour moi-même ; pourquoi alors devrais-je prolonger une existence misérable, à cause de quelque léger avantage que, peut-être, le Public reçoit de moi ? Si, en considération de mon âge et de mes infirmités, j'ai le droit de démissionner d'un poste et d'employer tout mon temps à me défendre contre ces malheurs et à alléger autant que possible les misères de ma vie future, pourquoi ne puis-je couper court à toutes ces misères immédiatement, par un acte qui ne nuit pas davantage à la société ?

25. Mais supposez qu'il ne soit plus en mon pouvoir de servir l'intérêt du Public, supposez que je lui sois un fardeau, supposez que ma vie empêche quelque personne de lui être beaucoup plus utile, mon abandon de la vie devra être alors non seulement innocent mais aussi louable. Et la plupart des gens qui sont tentés d'abandonner l'existence sont dans une telle situation ; ceux qui ont

health, or power, or authority, have commonly better reason to be in humour with the world.

26. A man is engaged in a conspiracy for the public interest, is seized upon suspicion, is threatened with the rack and knows, from his own weakness, that the secret will be extorted from him. Could such a one consult the public interest better than by putting a quick period to a miserable life? This was the case of the famous and brave *Strozzi* of *Florence.*

27. Again, suppose a malefactor justly condemned to a shameful death; can any reason be imagined, why he may not anticipate his punishment, and save himself all the anguish of thinking on its dreadful approaches? He invades the business of Providence no more than the magistrate did, who ordered his execution; and his voluntary death is equally advantageous to society, by ridding it of a pernicious member.

28. That suicide may often be consistent with interest and with our duty to *ourselves*, no one can question, who allows, that age, sickness, or misfortune may render life a burthen, and make it worse even than annihilation. I believe that no man ever threw away life, while it was worth keeping. For such is our natural horror of death, that small motives will never be able to reconcile us to it. And tho' perhaps the situation of a man's health or fortune did not seem

santé, puissance ou autorité ont habituellement de meilleures raisons, pour être en accord avec le monde.

26. Un homme est engagé dans une conspiration qui sert l'intérêt public; il est arrêté comme suspect; il est menacé de la torture et il sait par sa propre faiblesse que le secret lui sera arraché : un tel homme pourrait-il mieux consulter l'intérêt public, qu'en mettant une fin rapide à sa misérable vie? Ce fut le cas du célèbre et courageux Strozzi de Florence[1].

27. De nouveau, supposez qu'un malfaiteur soit condamné à juste titre à une mort honteuse : peut-on imaginer une raison qui lui interdise d'anticiper son châtiment et de s'épargner à lui-même toute l'angoisse qui accompagne la pensée de ses approches terribles? Il n'empiète pas plus sur les affaires de la Providence que ne le faisait le magistrat qui ordonna son exécution; et sa mort volontaire est également avantageuse à la société, puisqu'elle la débarrasse d'un membre dangereux.

28. Que le suicide puisse souvent s'accorder avec notre intérêt et notre devoir envers *nous-mêmes*, personne ne peut le contester, s'il est vrai que l'âge, la maladie et le malheur peuvent faire de la vie un fardeau et la rendre même pire que son anéantissement. Je crois qu'aucun homme n'a rejeté la vie, quand elle valait la peine d'être conservée. Car telle est notre horreur naturelle de la mort que de faibles motifs ne pourront jamais nous la faire accepter; et quoiqu'il puisse arriver que la situation de santé ou de fortune d'un individu n'ait pas semblé

1 Filippo Strozzi (1489-1538), ayant rompu avec Alexandre de Médicis quand il devint duc de Toscane, marcha sur Florence avec un groupe d'exilés républicains. Le soulèvement populaire n'eut pas lieu. Il fut battu par les troupes de Côme Ier. Capturé, il fut soumis à la torture pour qu'il avouât le nom de ses complices. Il se suicida après dix-sept mois d'emprisonnement.

to require this remedy, we may at least be assured that any one, who, without apparent reason, has had recourse to it, was curst with such an incurable depravity or gloominess of temper, as must poison all enjoyment, and render him equally miserable as if he had been loaded with the most grievous misfortunes.

29. If suicide be supposed a crime, it is only cowardice can impel us to it. If it be no crime, both prudence and courage should engage us to rid ourselves at once of existence, when it becomes a burthen. It is the only way, that we can then be useful to society, by setting an example, which, if imitated, would preserve to every one his chance for happiness in life, and would effectually free him from all danger of misery. *

---

* It would be easy to prove, that Suicide is as lawful under the *christian* dispensation as it was to the heathens. There is not a single text of scripture, which prohibits it. That great and infallible rule of faith and practice, which must controul all philosophy and human reasoning, has left us, in this particular, to our natural liberty. Resignation to providence is, indeed, recommended in scripture; but that implies only submission to ills, which are unavoidable, not to such as may be remedied by prudence or courage. *Thou shalt not kill* is evidently meant to exclude only the killing of others, over whose life we have no authority. That this precept like most of the scripture precepts, must be modified by reason and common sense, is plain from the practice of magistrates, who punish criminals capitally, notwithstanding the letter of this law. But were this commandment ever so express against Suicide, it could now have no authority. For all the law of *Moses* is abolished, except so far as it is established by the law of nature; and we have already endeavoured to prove, that Suicide is not prohibited by that law. In all cases, *Christians* and *Heathens* are precisely upon the same footing; and if *Cato* and *Brutus*, *Arria* and *Portia* acted heroically, those who now imitate their example ought to receive the same praises from posterity. The power of committing Suicide is regarded by *Pliny* as an advantage which men possess even above the deity himself. *Deus non sibi potest mortem consciscere, si velit, quod homini dedit optimum in tantis vitae poenis.* Lib. II. cap. 7.

exiger ce remède, nous pouvons du moins être assurés que celui qui, sans raison apparente, a eu recours à elle, était affligé de façon incurable d'un tempérament si sombre et si mélancolique qu'il devait lui empoisonner toute joie et le rendre aussi malheureux que s'il avait été couvert des maux les plus pénibles.

29. Si l'on suppose que le suicide est un crime, seule la lâcheté peut nous y pousser. Si l'on suppose le contraire, la prudence et le courage réunis nous engagent à nous débarrasser sans délai de l'existence, quand elle devient un fardeau. La seule façon par laquelle nous puissions être utiles à la société est de donner un exemple qui, s'il était imité, conserverait à chacun sa chance de bonheur dans la vie et le libérerait efficacement de tout danger et de tout malheur*.

---

* Il serait facile de prouver que le suicide est permis par les lois *chrétiennes*, comme il l'était pour les païens. Il n'y a pas un seul texte de l'Ecriture qui l'interdise. Cette grande et infaillible règle de foi et de pratique, qui doit contrôler toute philosophie et tout raisonnement humain, nous a lajssés sur ce point à notre liberté naturelle. La soumission à la Providence est, à la vérité, recommandée dans l'Ecriture, mais cela n'implique qu'une soumission aux maux qui sont inévitables, non à ceux auxquels la prudence et le courage peuvent apporter un remède. Le commandement *tu ne tueras pas* vise de toute évidence à exclure seulement le meurtre d'autrui, sur la vie duquel nous n'avons aucune autorité. Que ce précepte comme la plupart des préceptes de l'Écriture, doive être modifié par la raison et le sens commun, est rendu évident par la pratique des magistrats qui punissent de mort les criminels, malgré la lettre de la loi. Mais même si ce commandement était expressément dirigé contre le suicide, il n'aurait maintenant aucune autorité, car toute la loi de Moïse a été abolie, si ce n'est dans la mesure où elle est établie par la loi de la nature. Et nous avons déjà essayé de prouver que cette loi n'interdit pas le suicide. Dans tous les cas, *chrétiens* et *païens* sont exactement sur le même pied ; Caton et Brutus, Arria et Portia agirent héroïquement ; ceux qui imitent aujourd'hui leur exemple doivent recevoir les mêmes éloges de la postérité. Pline considère le pouvoir de se suicider comme un avantage que les hommes possèdent sur la divinité elle-même. *Deus non sibi potest mortem consciscere si velit, quod homini dedit optimum in tantis vitæ pœnis.* (Pline l'Ancien, *Histoire naturelle*, liv. II, 5, 27).

OF THE IMMORTALITY OF THE SOUL

1. By the mere light of reason it seems difficult to prove the Immortality of the soul. The arguments for it are commonly derived either from *metaphysical* topics, or *moral* or *physical*. But in reality, it is the gospel, and the gospel alone, that has brought life and immortality to light.

2. A) Metaphysical topics are founded on the supposition that the soul is immaterial, and that it is impossible for thought to belong to a material substance.

3. But just metaphysics teach us that the notion of substance is wholly confused and imperfect, and that we have no other idea of any substance than as an aggregate of particular qualities, inhering in an unknown something. Matter, therefore, and spirit are at bottom equally unknown; and we cannot determine what qualities may inhere in the one or in the other.

4. They likewise teach us that nothing can be decided *a priori* concerning any cause or effect; and that experience being the only source of our judgments of this nature, we cannot know from any other principle, whether matter, by its structure or arrangement, may not be the cause of thought. Abstract reasonings cannot decide any question of fact or existence.

DE L'IMMORTALITÉ DE L'ÂME

1. Il semble difficile de prouver l'immortalité de l'âme à la simple lumière de la raison ; les arguments qu'on propose en sa faveur sont généralement dérivés de considérations *métaphysiques, morales* ou *physiques*. Mais c'est en réalité l'Évangile, et l'Évangile seul, qui a porté la vie et l'immortalité à la lumière.

2. A) Les considérations de nature *métaphysique* se fondent sur la supposition que l'âme est immatérielle et qu'il est impossible que la pensée appartienne à une substance matérielle.

3. Mais précisément la métaphysique nous enseigne que la notion de substance est à tous égards une notion défectueuse et confuse et que nous n'avons d'autre idée de substance que celle d'un agrégat de qualités particulières, inhérentes à un « quelque chose » inconnu. C'est pourquoi la matière et l'esprit nous sont au fond également inconnus ; et nous ne pouvons déterminer quelles qualités sont inhérentes à l'une ou à l'autre.

4. La métaphysique nous enseigne aussi que nous ne pouvons rien décider *a priori* sur les causes et les effets et que, l'expérience étant la seule source de nos jugements de cette nature, nul autre principe ne nous permet de savoir s'il est possible que la matière, par sa structure et par son agencement, soit ou non la cause de la pensée. Les raisonnements abstraits ne peuvent trancher aucune question de fait ou d'existence.

5. But admitting a spiritual substance to be dispersed throughout the universe, like the etherial fire of the *Stoics*, and to be the only inherent subject of thought, we have reason to conclude from *analogy* that nature uses it after the same manner she does the other substance, matter. She employs it as a kind of paste or clay, modifies it into a variety of forms and existences, dissolves after a time each modification, and from its substance erects a new form. As the same material substance may successively compose the body of all animals, the same spiritual substance may compose their minds : their consciousness, or that system of thought, which they formed during life, may be continually dissolved by death ; and nothing interest them in the new modification. The most positive asserters of the mortality of the soul never denied the immortality of its substance. And that an immaterial substance, as well as a material, may lose its memory or consciousness appears, in part, from experience, if the soul be immaterial.

6. Reasoning from the common course of nature, and without supposing any *new* interposition of the supreme cause, which ought always to be excluded from philosophy, what is incorruptible must also be ingenerable. The soul, therefore, if immortal, existed before our birth. And if the former state of existence no wise concerned us, neither will the latter.

7. Animals undoubtedly feel, think, love, hate, will, and even reason, tho' in a more imperfect manner than man. Are their souls also immaterial and immortal?

5. Mais admettons qu'une substance spirituelle soit dispersée dans l'univers, à la façon du feu éthéré des Stoïciens, et qu'elle soit le seul sujet d'inhérence de la pensée; nous avons lieu de conclure, par *analogie*, que la nature en use de la même façon que de l'autre substance, la matière. Elle l'emploie comme une sorte de pâte ou d'argile, la modifie en une variété de formes et d'existences; après un certain temps, elle dissout chaque mode et de sa substance fait surgir une nouvelle forme. De même que la même substance matérielle peut tour à tour composer le corps de tous les animaux, de même la même substance spirituelle peut composer leur esprit; ils peuvent perdre sans cesse dans la mort leur conscience et le système de pensées qu'ils ont formé pendant le temps d'une existence, sans qu'aucun intérêt ne les rattache au nouveau mode produit. Les défenseurs les plus convaincus de la mortalité de l'âme n'ont jamais nié l'immortalité de sa substance. Admettons que l'âme soit immatérielle : l'expérience ne laisse pas de montrer qu'une substance immatérielle peut aussi bien qu'une substance matérielle perdre mémoire ou conscience.

6. Raisonnons à partir du cours ordinaire de la nature, sans supposer une *nouvelle* intervention de la Cause suprême, ce qui devrait toujours être exclu de la philosophie. Ce qui est incorruptible doit aussi ne pouvoir être engendré. Par conséquent, si l'âme est immortelle, elle existait avant notre naissance; et si notre précédente existence ne nous concerne nullement, de même celle qui suivra.

7. Les animaux sans aucun doute sentent, pensent, aiment, haïssent, veulent et raisonnent, bien que d'une manière plus imparfaite que les hommes : leur âme est-elle aussi immatérielle et immortelle ?

8. B) Let us now consider the *moral* arguments, chiefly those arguments derived from the justice of God, which is supposed to be farther interested in the farther punishment of the vicious, and reward of the virtuous.

9. But these arguments are grounded on the supposition that God has attributes beyond what he has exerted in this universe, with which alone we are acquainted. Whence do we infer the existence of these attributes ?

10. It is very safe for us to affirm, that, whatever we know the deity to have actually done, is best; but it is very dangerous to affirm, that he must always do what to us seems best. In how many instances would this reasoning fail us with regard to the present world ?

11. But if any purpose of nature be clear, we may affirm that the whole scope and intention of man's creation, so far as we can judge by natural reason, is limited to the present life. With how weak a concern, from the original, inherent structure of the mind and passions, does he ever look farther ? What comparison, either for steddiness or efficacy, between so floating an idea, and the most doubtful persuasion of any matter of fact, that occurs in common life.

12. There arise, indeed, in some minds, some unaccountable terrors with regard to futurity : But these would quickly vanish, were they not artificially fostered by precept and education. And those, who foster them ; what is their motive ? Only to gain a livelihood and to acquire power and riches in this world. Their very zeal and industry, therefore, are an argument against them.

8. B) Considérons maintenant les arguments *moraux* et surtout ceux qui sont dérivés de la justice divine, laquelle, suppose-t-on, est intéressée plus particulièrement au châtiment du vice et à la récompense de la vertu dans l'au-delà.

9. Mais ces arguments se fondent sur la supposition que Dieu possède des attributs autres que ceux dont il a fait usage dans cet univers, le seul qui nous soit connu. D'où inférons-nous l'existence de ces attributs ?

10. Nous pouvons affirmer sûrement que tout ce que nous savons être l'œuvre réelle de la Divinité est indubitablement ce qui est le meilleur ; mais il est très dangereux d'affirmer qu'elle doit toujours faire ce qui nous semble le meilleur. Que de fois ce raisonnement nous égarerait, touchant le monde présent !

11. Mais s'il existe quelque dessein manifeste de la nature, nous pouvons affirmer que l'unique intention, l'unique but de la création de l'homme est, autant que nous puissions en juger par la raison naturelle, limitée à la vie présente. Avec quel faible intérêt l'homme est-il porté, par la structure inhérente et originelle de son esprit et de ses passions, à jamais regarder plus loin ! Comment comparer, quant à leur fermeté et à leur influence, une idée si vague et la persuasion la plus douteuse qu'entraîne un fait de la vie courante ?

12. Il s'élève bien dans quelques esprits certaines terreurs inexplicables concernant la vie future ; mais celles-ci s'évanouiraient rapidement si elles n'étaient pas artificiellement entretenues par des préceptes et par l'éducation. Et quel est le motif de ceux qui les entretiennent ? Seulement de gagner leur vie et d'acquérir puissance et richesse en ce monde. Ainsi leur zèle et leur industrie mêmes sont un argument contre eux.

13. What cruelty, what iniquity, what injustice in nature, to confine thus all our concern, as well as all our knowledge, to the present life, if there be another scene still awaiting us, of infinitely greater consequence? Ought this barbarous deceit to be ascribed to a beneficent and wise being?

14. Observe with what exact proportion the task to be performed and the performing powers are adjusted throughout all nature. If the reason of man gives him a great superiority above other animals, his necessities are proportionably multiplied upon him. His whole time, his whole capacity, activity, courage, passion, find sufficient employment, in fencing against the miseries of his present condition; and frequently, nay almost always, are too slender for the business assigned them.

15. A pair of shoes, perhaps, was never yet wrought to the highest degree of perfection, which that commodity is capable of attaining. Yet is it necessary, at least very useful, that there should be some politicians and moralists, even some geometers, historians, poets, and philosophers among mankind.

16. The powers of men are no more superior to their wants, considered merely in this life, than those of foxes and hares are, compared to *their* wants and to *their* period of existence. The inference from parity of reason is therefore obvious.

17. On the theory of the soul's mortality, the inferiority of women's capacity is easily accounted for : Their domestic life requires no higher faculties either of mind or body. This circumstance vanishes and becomes absolutely insignificant, on the religious theory : the one sex has an equal task to perform with the other ; their powers

13. Quelle cruauté, quelle iniquité, quelle injustice de la part de la nature, de confiner ainsi toutes nos préoccupations aussi bien que toute notre connaissance à la vie présente, s'il existe une autre scène qui nous attend encore et qui est d'une importance infiniment plus grande ! Faut-il attribuer cette duperie barbare à un Être bienfaisant et sage ?

14. Observez avec quelle exacte proportion la nature entière ajuste les moyens d'action aux tâches à accomplir. Si la raison donne à l'homme une grande supériorité sur les autres animaux, ses besoins sont proportionnellement multipliés ; tout son temps, toute sa capacité, son activité, son courage et sa passion trouvent assez à s'employer dans le combat qu'il mène contre les misères de sa condition présente et sont souvent, ou plutôt presque toujours, trop faibles pour l'ouvrage à accomplir.

15. Peut-être n'a-t-on jamais encore obtenu d'une paire de chaussures la plus haute perfection qu'on puisse attendre de cet article ; cependant il est nécessaire, ou du moins très utile, qu'il y ait des politiciens, des moralistes et même des géomètres, des historiens, des poètes et des philosophes parmi les hommes.

16. Les pouvoirs de l'être humain, considéré seulement en cette vie, n'excèdent guère plus ses besoins que les pouvoirs des renards ou des lièvres n'excèdent leurs propres besoins et leur durée d'existence. L'inférence par parité de raison est donc évidente.

17. La théorie de la mortalité de l'âme rend aisément compte de l'infériorité des aptitudes des femmes. Leur vie domestique n'exige pas de facultés intellectuelles ou corporelles plus élevées. Dans la théorie religieuse, cette circonstance s'évanouit et perd toute son importance : les deux sexes ont des tâches égales à accomplir ; leurs pouvoirs

of reason and resolution ought also to have been equal, and both of them infinitely greater than at present.

18. As every effect implies a cause, and that another, till we reach the first cause of all, which is the *Deity*; every thing, that happens, is ordained by him; and nothing can be the object of his punishment or vengeance.

19. By what rule are punishments and rewards distributed? What is the divine standard of merit and demerit? Shall we suppose that human sentiments have place in the deity? However bold that hypothesis, we have no conception of any other sentiments.

20. According to human sentiments, sense, courage, good manners, industry, prudence, genius, &c. are essential parts of personal merit. Shall we therefore erect an elysium for poets and heroes, like that of the antient mythology? Why confine all rewards to one species of virtue?

21. Punishment, without any proper end or purpose, is inconsistent with *our* ideas of goodness and justice, and no end can be served by it after the whole scene is closed.

22. Punishment, according to *our* conceptions, should bear some proportion to the offence. Why then eternal punishment for the temporary offences of so frail a creature as man? Can any one approve of *Alexander's* rage, who intended to exterminate a whole nation, because they had seized his favourite horse, *Bucephalus*?*

23. Heaven and hell suppose two distinct species of men, the good and the bad. But the greatest part of mankind float between vice and virtue.

* Quint. Curtius. lib. VI. cap. 5.

de raison et de décision auraient dû être aussi égaux, et dans les deux cas infiniment supérieurs à ce qu'ils sont effectivement.

18. Puisque tout effet implique une cause, et celle-ci une autre cause, jusqu'à ce qu'on atteigne la cause première de toute chose, qui est la *Divinité*, tout ce qui arrive est fixé par elle et rien ne peut être l'objet de son châtiment ou de sa vengeance.

19. En vertu de quelles règles, peines et récompenses sont-elles distribuées? Quelle est la mesure divine du mérite et du démérite? Supposerons-nous que des sentiments humains trouvent place en Dieu? Quelle audacieuse hypothèse! Mais nous ne concevons pas d'autres sentiments.

20. Selon les sentiments humains, bon sens, courage, bonnes manières, industrie, prudence, génie, etc., sont des parts essentielles du mérite personnel. Construirons-nous donc un Elysée pour les poètes et les héros, semblable à celui de l'ancienne mythologie? Pourquoi confiner toutes les récompenses à une seule sorte de vertu?

21. Un châtiment sans dessein et sans intention propre est incompatible avec *nos* idées de bonté et de justice. Et il ne peut servir aucune fin, après que le rideau est tombé.

22. Selon *nos* conceptions, le châtiment devrait être proportionné, en quelque manière, à la faute. Pourquoi alors un châtiment éternel pour les fautes temporaires d'une créature aussi fragile que l'homme? Peut-on approuver la fureur d'Alexandre qui voulait exterminer toute une nation, parce qu'on s'était emparé de son cheval favori Bucéphale*?

23. Le ciel et l'enfer supposent deux espèces distinctes d'hommes : les bons et les méchants; mais la plus grande partie de l'humanité flotte entre le vice et la vertu.

* Quinte Curce, *Histoires*, liv. VI, 5, 18.

24. Were one to go round the world with an intention of giving a good supper to the righteous and a sound drubbing to the wicked, he would frequently be embarrassed in his choice, and would find that the merits and the demerits of most men and women scarcely amount to the value of either.

25. To suppose measures of approbation and blame, different from the human, confounds every thing. Whence do we learn that there is such a thing as moral distinctions but from our own sentiments?

26. What man, who has not met with personal provocation (or what good natur'd man who has) could inflict on crimes, from the sense of blame alone, even the common, legal, frivolous punishments? And does any thing steel the breast of judges and juries against the sentiments of humanity but reflections on necessity and public interest?

27. By the Roman law, those who had been guilty of parricide and confessed their crime, were put into a sack, along with an ape, a dog, and a serpent, and thrown into the river : Death alone was the punishment of those who denied their guilt, however fully proved. A criminal was tryed before *Augustus*, and condemned after full conviction : But the humane emperor, when he put the last interrogatory, gave it such a turn as to lead the wretch into a denial of his guilt. *You surely*, said the prince, *did not kill your father.* * This lenity suits our natural ideas of right, even towards the greatest of all criminals, and even tho' it prevents so inconsiderable a sufferance. Nay, even the most bigotted priest would naturally, without reflection, approve of it; provided the crime was not heresy or

* Sueton. August. cap. 3.

24. Qui devrait faire le tour du monde avec l'intention d'offrir un bon souper au juste et d'administrer une correction au méchant, aurait souvent peine à faire son choix et trouverait que les mérites et les démérites de la plupart des hommes et des femmes ne se dépassent guère.

25. Supposer des mesures d'approbation et de blâme différentes des mesures humaines revient à tout confondre. D'où apprenons-nous qu'il existe des choses telles que les distinctions morales sinon de nos propres sentiments?

26. Quel homme qui n'a pas été provoqué dans sa personne (ou quel homme d'un bon naturel qui l'a été) peut être porté par son seul sentiment de blâme à infliger au crime un châtiment même commun, légal et léger? Qu'est-ce qui endurcit le cœur des juges et des jurés contre leurs sentiments d'humanité, sinon leurs réflexions sur la nécessité et l'intérêt public?

27. La loi romaine condamnait ceux qui s'étaient rendus coupables de parricide et qui avouaient leur crime, à être enfermés dans un sac avec un singe, un chien et un serpent, et à être jetés dans le fleuve. La mort seule était le châtiment de ceux qui niaient leur culpabilité, même si celle-ci était pleinement établie. Un criminel fut jugé devant Auguste et condamné, après preuve complète; mais l'empereur, par humanité, lors du dernier interrogatoire, donna un tel tour à ses questions que le malheureux fut conduit à nier sa culpabilité : *vous n'avez assurément pas, dit le prince, tué votre père?* * Cette clémence convient à nos idées naturelles du droit, même envers les plus grands de tous les criminels et même si elle ne supprime qu'une souffrance aussi insignifiante. Pour tout dire, même le prêtre le plus fanatique l'approuverait naturellement, sans réflexion ; à condition que le crime ne fût pas celui d'hérésie ou

* Suétone, *Vie des douze Césars*, « Auguste », 33.

infidelity. For as these crimes hurt himself in his *temporal* interests and advantages; perhaps he may not be altogether so indulgent to them.

28. The chief source of moral ideas is the reflection on the interest of human society. Ought these interests, so short, so frivolous, to be guarded by punishments, eternal and infinite? The damnation of one man is an infinitely greater evil in the universe, than the subversion of a thousand millions of kingdoms.

29. Nature has rendered human infancy peculiarly frail and mortal; as it were on purpose to refute the notion of a probationary state. The half of mankind dye before they are rational creatures.

30. C) The *physical* arguments from the analogy of nature are strong for the mortality of the soul; and these are really the only philosophical arguments which ought to be admitted with regard to this question, or indeed any question of fact.

31. Where any two objects are so closely connected that all alterations, which we have ever seen in the one, are attended with proportionable alterations in the other; we ought to conclude, by all rules of analogy that, when there are still greater alterations produced in the former, and it is totally dissolved, there follows a total dissolution of the latter.

32.Sleep, a very small effect on the body, is attended with a temporary extinction; at least, a great confusion in the soul.

d'infidélité, car peut-être ne montrerait-il pas la même indulgence envers ces derniers délits, des délits qui le touchent lui-même, dans ses avantages et ses intérêts *temporels.*

28. La principale source des idées morales se trouve dans la réflexion sur les intérêts de la société humaine. Ces intérêts si éphémères et si frivoles doivent-ils être protégés par des châtiments éternels et infinis ? La damnation d'un seul homme est un mal infiniment plus grand dans l'univers que le renversement de mille millions de royaumes.

29. La nature a fait l'enfance humaine particulièrement fragile et mortelle, comme dans le dessein de réfuter la notion d'un état d'épreuve. La moitié des hommes meurent avant d'être devenus des créatures raisonnables.

30. C) Les arguments *physiques* tirés de l'analogie de la nature penchent fortement en faveur de la mortalité de l'âme ; et ce sont véritablement les seuls arguments philosophiques qu'il faut admettre sur cette question et à vrai dire sur toute question de fait.

31. Là où deux objets sont liés si étroitement que toutes les modifications jamais vues dans l'un s'accompagnent de modifications proportionnées dans l'autre, nous devons conclure, selon toutes les règles de l'analogie, que, quand se produisent de plus grandes modifications dans le premier et qu'il est totalement dissout, il s'ensuit une dissolution totale du second.

32. Le sommeil qui a très peu d'effet sur le corps s'accompagne d'un anéantissement temporaire, ou du moins d'une grande confusion de l'âme.

33. The weakness of the body and that of the mind in infancy are exactly proportioned; their vigor in manhood; their sympathetic disorder in sickness; their common gradual decay in old age. The step further seems unavoidable : their common dissolution in death.

34. The last symptoms, which the mind discovers, are disorder, weakness, insensibility, stupidity, the forerunners of its annihilation. The farther progress of the same causes, encreasing the same effects, totally extinguish it.

35. Judging by the usual analogy of nature, no form can continue, when transferred to a condition of life very different from the original one, in which it was placed. Trees perish in the water; fishes in the air; animals in the earth. Even so small a difference as that of climate is often fatal. What reason then to imagine that an immense alteration, such as is made on the soul by the dissolution of its body and all its organs of thought and sensation, can be effected without the dissolution of the whole ?

36. Every thing is in common between soul and body. The organs of the one are all of them the organs of the other. The existence therefore of the one must be dependent on that of the other.

37. The souls of animals are allowed to be mortal; and these bear so near a resemblance to the souls of men, that the analogy from one to the other forms a very strong argument. Their bodies are not more resembling; yet no one rejects the arguments drawn from comparative anatomy. The *Metempsychosis* is therefore the only system of this kind, that philosophy can so much as hearken to.

33. La faiblesse du corps et celle de l'esprit dans l'enfance sont exactement proportionnées ; de même leur vigueur dans l'âge adulte, leurs désordres concordants dans la maladie, leur commun déclin par étapes dans la vieillesse. Le pas suivant semble inévitable : leur dissolution commune dans la mort.

34. Les derniers symptômes que l'esprit manifeste sont désordre, faiblesse, insensibilité et stupidité : signes avant-coureurs de son anéantissement ; le progrès ultérieur des mêmes causes, accroissant les mêmes effets, le détruit totalement.

35. Si l'on en juge par l'analogie ordinaire de la nature, aucune forme ne peut subsister quand elle est transférée dans un milieu de vie très différent de celui où elle était placée à l'origine. Les arbres périssent dans l'eau, les poissons dans l'air, les animaux dans la terre. Même une différence aussi petite que celle du climat est souvent fatale. Pourquoi alors imaginer qu'une altération profonde, telle que celle que subit l'âme par la dissolution de son corps et de tous ses organes de pensée et de sensation, puisse s'effectuer sans la dissolution du tout ?

36. L'âme et le corps partagent tout en commun. Tous les organes de l'un sont les organes de l'autre ; l'existence de l'un doit donc dépendre de l'existence de l'autre.

37. On admet que l'âme des animaux est mortelle ; et celle-ci a une telle ressemblance avec celle des hommes que l'analogie entre l'une et l'autre forme constitue un argument très solide. Leurs corps ne se ressemblent pas plus, et pourtant personne ne rejette l'argument tiré de l'anatomie comparative. La *métempsychose* est donc le seul système de cette sorte que la philosophie puisse écouter.

38. Nothing in this world is perpetual. Every being, however seemingly firm, is in continual flux and change. The world itself gives symptoms of frailty and dissolution. How contrary to analogy, therefore, to imagine that one single form, seemingly the frailest of any, and, from the slightest causes, subject to the greatest disorders, is immortal and indissoluble? What a daring theory is that! How lightly, not to say, how rashly entertained!

39. How to dispose of the infinite number of posthumous existences ought also to embarrass the religious theory. Every planet, in every solar system, we are at liberty to imagine peopled with intelligent, mortal beings; at least, we can fix on no other supposition. For these, then, a new universe must, every generation, be created, beyond the bounds of the present universe; or one must have been created at first so prodigiously wide as to admit of this continual influx of beings. Ought such bold suppositions to be received by any philosophy; and that merely on the pretence of a bare possibility?

40. When it is asked, whether *Agamemnon, Thersites, Hannibal, Nero*, and every stupid clown, that ever existed in *Italy, Scythia, Bactria*, or *Guinea*, are now alive; can any man think, that a scrutiny of nature will furnish arguments strong enough to answer so strange a question in the affirmative? The want of arguments, without revelation, sufficiently establishes the negative.

38. Rien en ce monde n'est éternel ; toutes les choses existantes, aussi inaltérables qu'elles paraissent, sont dans un flux et un changement continuel. Le monde lui-même donne des symptômes de fragilité et de dissolution. Qu'il est donc contraire à l'analogie d'imaginer qu'une seule forme, celle qui semble la plus fragile, celle que les plus légères causes jettent dans les plus grands désordres, soit immortelle et indissoluble ! Quelle audacieuse théorie ! Bien légèrement, pour ne pas dire inconsidérément soutenue !

39. Que faire du nombre infini des existences posthumes ? C'est encore un problème pour la théorie religieuse. Nous sommes libres d'imaginer que chaque planète dans chaque système solaire est peuplée d'êtres mortels et intelligents ; c'est du moins la seule supposition à laquelle nous puissions nous arrêter. Or il faudrait que, pour ceux-ci, à chaque génération, un nouvel univers soit créé, par-delà les limites du présent univers ; ou il faut que l'univers créé à l'origine soit assez prodigieusement vaste pour pouvoir admettre cet afflux continuel d'êtres. Des suppositions aussi audacieuses doivent-elles être acceptées par une philosophie, et cela sous le prétexte d'une simple possibilité ?

40. Quand on demande si Agamemnon, Thersite, Hannibal, Néron, et chaque histrion stupide qui a jamais existé en Italie, en Scythie, en Bactriane ou en Guinée sont encore vivants, peut-on supposer qu'un examen de la nature fournisse des arguments assez forts pour répondre par l'affirmative à une question aussi étrange ? Le manque d'argument – sans la Révélation – établit suffisamment la négative.

41. *Quanto facilius*, says *Pliny,* * *certiusque sibi quemque credere, ac specimen securitatis antigenitali sumere experimento.* Our insensibility, before the composition of the body, seems to natural reason a proof of a like state after its dissolution.

42. Were our horror of annihilation an original passion, not the effect of our general love of happiness, it would rather prove the mortality of the soul. For as nature does nothing in vain, she would never give us a horror against an impossible event. She may give us a horror against an unavoidable event, provided our endeavours, as in the present case, may often remove it to some distance. Death is in the end unavoidable; yet the human species could not be preserved, had not nature inspired us with an aversion towards it.

43. All doctrines are to be suspected, which are favoured by our passions. And the hopes and fears which gave rise to this doctrine, are very obvious.

44. It is an infinite advantage in every controversy, to defend the negative. If the question be out of the common experienced course of nature, this circumstance is almost if not altogether decisive. By what arguments or analogies can we prove any state of existence, which no one ever saw and which no wise resembles any that ever was seen? Who will repose such trust in any pretended philosophy, as to admit upon its testimony the reality

* Lib. VII. cap. 55.

41. *Quanto facilius*, dit Pline, *certique sibi quemque credere, ac specimen securitatis antegenitali sumere experimento**. Notre insensibilité avant la formation de notre corps paraît à la raison naturelle la preuve d'un état semblable après sa dissolution.

42. Si notre horreur de l'anéantissement était une passion originelle et non l'effet de notre amour général du bonheur, elle prouverait plutôt la mortalité de notre âme. Car la nature, qui ne fait rien en vain, ne nous donnerait jamais de l'horreur envers un événement impossible. Elle peut nous faire éprouver de l'horreur envers un événement inévitable, pourvu que nos efforts, comme dans le cas présent, puissent souvent le reculer à quelque distance. La mort est à la fin inévitable ; cependant l'espèce humaine ne pourrait pas subsister, si la nature ne nous en avait inspiré l'aversion.

43. Il faut suspecter les doctrines que favorisent nos passions, et les espérances et les craintes qui donnent naissance à cette doctrine sont parfaitement évidentes.

44. C'est dans une controverse un avantage infini de défendre la négative. La question est-elle au-delà de notre expérience du cours ordinaire de la nature ? Cette circonstance est presque, sinon complètement décisive. Par quels arguments ou par quelles analogies pouvons-nous prouver un état d'existence que personne n'a jamais vu et qui ne ressemble aucunement à tout ce qu'on a jamais vu ? Qui accordera assez de crédit à quelque prétendue philosophie, pour admettre, sur son témoignage, la réalité

---

* Pline, l'Ancien, *Histoire naturelle*, liv. 56, 3 : « Combien il nous est plus facile et plus sûr de nous en rapporter à nous-mêmes et de tirer l'idée d'une tranquillité future de l'expérience que nous en avons eue avant notre naissance ».

of so marvellous a scene? Some new species of logic is requisite for that purpose; and some new faculties of the mind, which may enable us to comprehend that logic.

45. Nothing could set in a fuller light the infinite obligations, which mankind have to divine revelation; since we find, that no other medium could ascertain this great and important truth.

d'une scène aussi merveilleuse? Il faut pour cela une nouvelle espèce de logique et de nouvelles facultés de l'esprit qui puissent nous rendre capables de comprendre cette logique.

45. Rien ne saurait manifester de façon plus évidente l'obligation infinie que les hommes ont envers la Révélation divine, puisque nous découvrons qu'aucun autre moyen n'a pu nous rendre certaine cette grande et importante vérité.

TABLE DES MATIÈRES

Imprimé en France par CPI
en juin 2016

Dépôt légal : juin 2016
N° d'impression : 135961